Natürliche Zahlen und Grundrechenarten

Die Menge der natürlichen Zahlen

Mit den Zahlen 1, 2, 3 ... kann man zählen und ordnen. Man bezeichnet sie als **natürliche Zahlen**. Es gibt unendlich viele natürliche Zahlen.

Die **Menge der natürlichen Zahlen** kürzt man mit $\mathbb{N}$ ab.

$\mathbb{N} = \{1, 2, 3, 4, 5, 6, 7, 8 ...\}$

Ergänzt man diese Menge noch um die Zahl Null, so erhält man:

$\mathbb{N}_0 = \{0, 1, 2, 3, 4, 5, 6, 7, 8 ...\}$.

1 Das sind Tim und seine Schwester Lea.

Tim: „Die Zahl 9 999 999 999 ist die größte natürliche Zahl."

Lea: „Jede natürliche Zahl besitzt einen Nachfolger in den natürlichen Zahlen, also muss auch jede natürliche Zahl einen Vorgänger in den natürlichen Zahlen besitzen."

▸ Begründe mit je einem Zahlenbeispiel, warum keiner der beiden Recht hat.

2 Hier siehst du ein typisches Zahlenschloss.
An jeder Stelle lassen sich die Ziffern 1 bis 9 einstellen.

a) Welche ist die größte, welche die kleinste natürliche Zahl, die man auf dem Zahlenschloss einstellen kann?

b) Bestimme Vorgänger und Nachfolger der gerade eingestellten Zahl.

c) Lea sagt über ihre Fahrradschlossnummer: „Es ist die kleinste Zahl mit nur verschiedenen ungeraden Ziffern." Gib die Zahl an.

d) Tim merkt sich seine Nummer so: „Sie ist die größte gerade Zahl!" Wie heißt seine Nummer?

Zahlenhalbgerade

Die natürlichen Zahlen und die Zahl 0 lassen sich auf einer **Zahlenhalbgeraden** anordnen. Sie hat einen Anfangspunkt, den Nullpunkt, aber keinen Endpunkt.

3 Welche Zahlen sind hier durch Buchstaben dargestellt?
Trage die Zahlen jeweils passend zu den Buchstaben ein.

a)

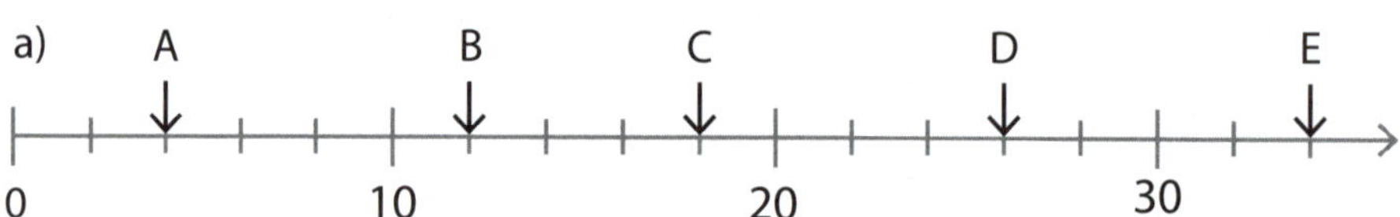

A = ____ B = ____ C = ____ D = ____ E = ____

b) A B C D E

0 500 1000

A = ____ B = ____ C = ____ D = ____ E = ____

4 Ordne die Zahlen der Größe nach.
Trage die Zahlen dann farbig auf der Zahlenhalbgerade ein.

a) 0; 11; 3; 7; 9; 4; 13 → 0 < 3 < ____ < ____ < ____ < ____ < ____

0 3

b) 75; 105; 30; 45; 120; 15 → ____ < ____________________

15

c) 450; 600; 200; 350; 550; 100 → ____________________
Für welche Abstände stehen die Striche? Überlege selbst.

Erfassen und darstellen von Daten

Zum Auszählen von Stimmen oder anderen Anzahlen verwendet man häufig eine **Strichliste**. Dabei wird jeder fünfte Strich durch die vier vorangegangenen senkrechten Striche gezogen. Dadurch bekommt man einen guten Überblick über die Gesamtanzahl.

𝍸 || = Zahl 7

Um verschiedene Größen oder Anzahlen (Häufigkeiten) anschaulich vergleichen zu können, zeichnet man häufig

Säulendiagramme oder Balkendiagramme.

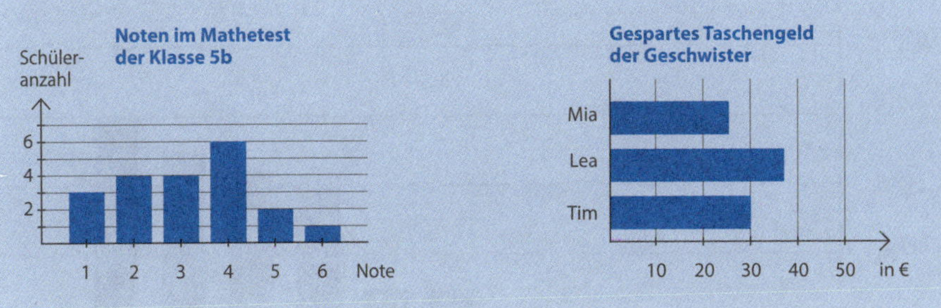

5 Lea geht mit 27 anderen Kindern in die Klasse 5a. Hier wurden am Anfang des Schuljahres Umfragen durchgeführt, so dass die Lehrerin die Schülerinnen und Schüler besser kennenlernen konnte.

a) Lea hat leider bei der Anzahl der Kinder, die keine Geschwister haben, die Striche vergessen. (Mehr als 4 Geschwister hat kein Kind.) Ergänze die Striche.

Anzahl der Geschwister	0	1	2	3	4
Anzahl der Kinder der Klasse		𝍸 𝍸	𝍸 ||	|||	||

b) Zeichne ein Säulen- und ein Balkendiagramm zum Thema „Lieblingssportart“ auf deinen Block.

Lieblingssportart	Klettern	Tennis	Schwimmen	Reiten	Fußball
Anzahl der Kinder	|||	||||	𝍸 |	𝍸	𝍸 𝍸

6 Lea geht in den Fußballverein. In einem alten Vereinsheft hat sie die folgende Tabelle gefunden.

Ihr Sportverein warb dort mit dem Slogan: „Wir feiern unser 10-jähriges Jubiläum. Vielen Dank für die vielen Mitglieder von 2007 bis 2017."

a) Wie viele Mitglieder gibt es 2017 **mehr** im Vergleich zum Jahr 2007?

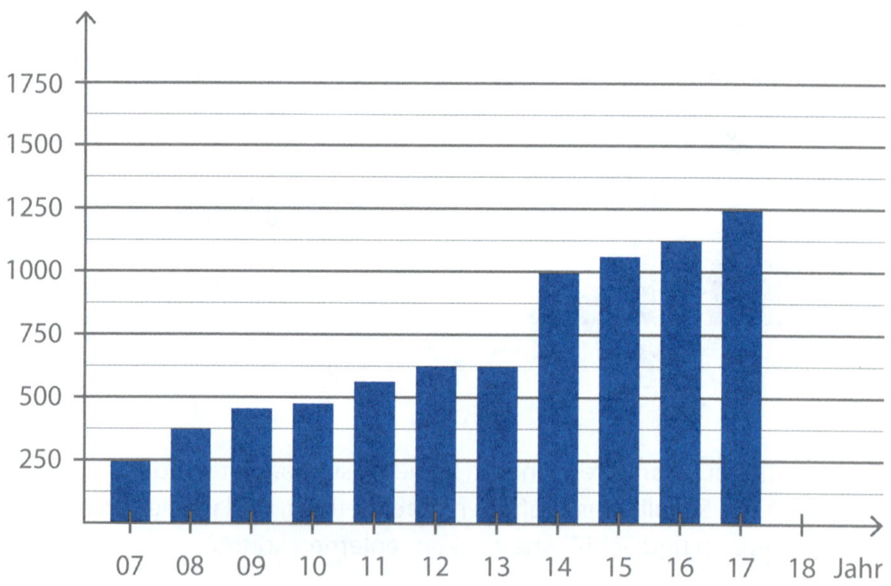

b) In welchem Jahr hat sich die Mitgliederanzahl vervierfacht im Vergleich zum Jahr 2007?

c) Wie viele Mitglieder gibt es im Jahr 2014 mehr als im Jahr 2013?

d) Für das Jahr 2018 werden insgesamt 1400 Mitglieder erwartet. Ergänze das Diagramm.

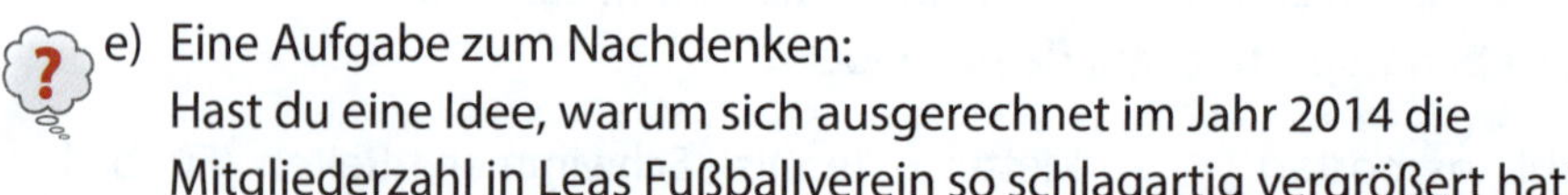

e) Eine Aufgabe zum Nachdenken:
Hast du eine Idee, warum sich ausgerechnet im Jahr 2014 die Mitgliederzahl in Leas Fußballverein so schlagartig vergrößert hat?

7 Das abgebildete Balkendiagramm veranschaulicht die Schülerzahl der 5. Klassen aus Leas Schule.

Lea behauptet, dass beim Zeichnen zwei Fehler gemacht wurden. Beschreibe diese Fehler.

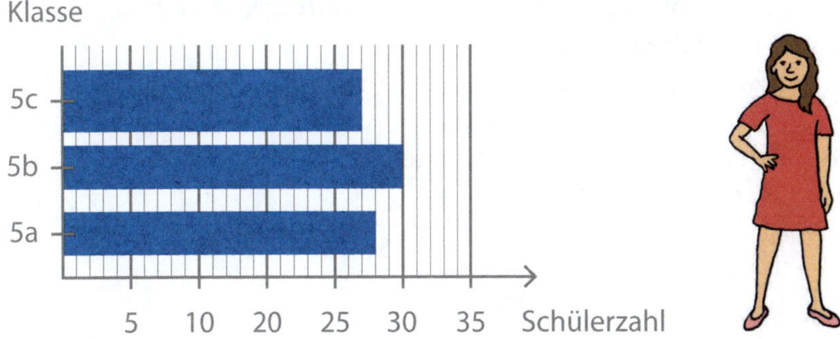

8 Das Diagramm zeigt die Durchschnittstemperatur in Deutschland.

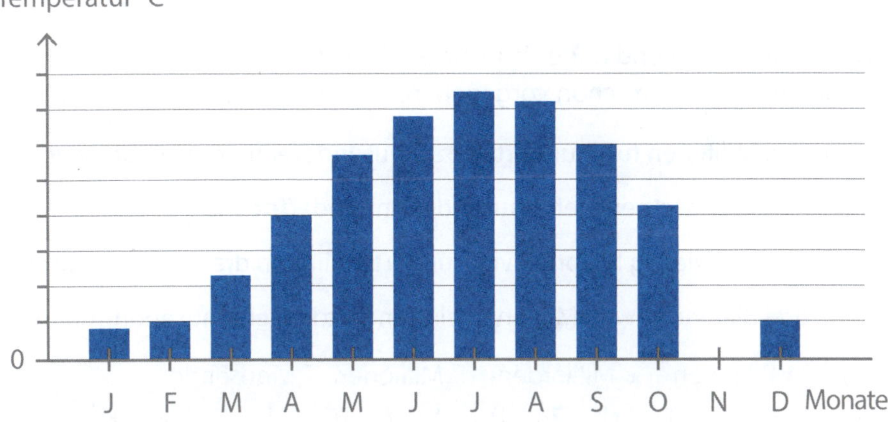

a) Im September hat es durchschnittlich 18 °C (Grad Celsius). Ergänze die Beschriftung des Diagramms entsprechend.

b) Die Säule des Monats November mit durchschnittlich 7 °C fehlt im Diagramm. Zeichne diese Säule ein.

Das Zehnersystem als Stellenwertsystem

Wir stellen die natürlichen Zahlen in einem Stellenwertsystem mit den zehn Ziffern 0, 1, 2, 3, 4, 5, 6, 7, 8 und 9 dar.
Man kann große Zahlen leichter überblicken, wenn man sie – von hinten beginnend – mit Punkten in **Dreierpäckchen** gliedert oder sie in eine **Stellenwerttafel** einträgt.

26045738369372 = 26.045.738.369.372 (Gliederung in Dreierpäckchen)

Billionen			Milliarden			Millionen			Tausender					
H	Z	E	H	Z	E	H	Z	E	H	Z	E	H	Z	E
	2	6	0	4	5	7	3	8	3	6	9	3	7	2

Zahl in Worten:
sechsundzwanzig **Billionen** fünfundvierzig **Milliarden**
siebenhundertachtunddreißig **Millionen**
dreihundertneunundsechzig**tausend**dreihundertzweiundsiebzig

9 Lies die Zahlen und trage sie in die Stellenwerttafel ein.
Einige Ziffern sind schon vorgegeben.

a) drei Millionen fünfhundertsiebzigtausenddreihunderteinundvierzig

b) neunhundertneunzehntausendneunhundertneunzig

c) zweiundvierzig Billionen vierhundert Millionen dreitausendsiebzehn

d) drei Billionen zwölf Millionen einhundertdreizehntausendfünfhundert

	Billionen			Milliarden			Millionen			Tausender					
	H	Z	E	H	Z	E	H	Z	E	H	Z	E	H	Z	E
a)										5		0		4	
b)										9		9	9		
c)				0	0			0			0				
d)															

▸ Kreuze die größte Zahl der Stellenwerttafel an: a), b) c) oder d)?

10 Schreibe die Zahlen in Worten auf einen Block.

Bevölkerungszahl Deutschland	**81 290 819**	
Bevölkerungszahl Australien	**24 475 196**	
Weltbevölkerung	**7 470 765 496**	*(Stand: Nov. 2016)*

11 Lies die Zahl. Gib jeweils den Vorgänger (Zahl −1) und den Nachfolger (Zahl +1) dieser Zahl an.

Vorgänger	Zahl	Nachfolger
	567 765 567	
	88 888 888 888	
	1 234 567 990	
	789 789 999	

12 Verbinde jeweils das Zahlwort mit der passenden Zahl. Eine Zahl bleibt übrig. Streiche sie durch.

zwei Millionen achthunderttausend

zwei Milliarden achthundert Millionen

zwei Millionen achthundert

zwei Milliarden achttausendfünfhundert

zwei Millionen achthundertfünfundzwanzigtausend

2 000 800

2 825 000

2 000 008 500

2 800 000

20 800 000

2 800 000 000

13 Die Zahlen sind der Größe nach geordnet, aber eine Zahl passt in der Reihenfolge nicht. Streiche sie durch.

3 452 781 < 3 452 871 < 3 452 891 < 4 352 891 < 445 299 < 4 362 891

14 Finde die Zahl. Als Hilfe kannst du die Stellenwerttafel verwenden oder die Zahlen zunächst übersichtlich in Dreierpäckchen gliedern.

a) die größte 10-stellige Zahl, die nur aus geraden Ziffern besteht

Die Zahl heißt: ______________________________.

b) die kleinste 8-stellige Zahl, die aus lauter verschiedenen Ziffern besteht

Die Zahl heißt: ______________________________.

c) die größte 12-stellige, gerade Zahl

Die Zahl heißt: ______________________________.

d) die kleinste 15-stellige Zahl, die mit sieben Fünfern beginnt und sonst nur noch andere, jeweils unterschiedliche Ziffern besitzt

Die Zahl heißt: ______________________________.

15 Es gibt viele Millionenstädte auf der Welt.
(Das sind Städte mit mehr als 1 000 000 Einwohnern.)

a) Rate: Wie viele solcher Städte gibt es weltweit und in Deutschland?

weltweit: ________________ Deutschland: ________________

b) In der Tabelle stehen einige Millionenstädte. Ordne sie der Größe nach. Verwende die Zahlen von 1 bis 6. (1 = größte Einwohnerzahl)

c) Weißt du, in welchen Ländern die einzelnen Städte liegen? Schreibe sie auf.

Stadt	Einwohnerzahl	Rangordnung	Land
New York	18 900 000		**USA**
Madrid	3 141 991		
London	8 538 689		
Rom	2 684 767		
Wien	1 840 537		
Istanbul	14 377 018		

(Stand: Nov. 2016)

16 Welche Zahl kannst du für den Platzhalter ✱ einsetzen?
Schreibe jeweils die kleinste und größte passende natürliche Zahl auf.

7 545 < ✱ < 7 599	2 829 < ✱ < 2 900	99 999 < ✱ < 100 004
kleinste Zahl:	kleinste Zahl:	kleinste Zahl:
größte Zahl:	größte Zahl:	größte Zahl:

17 a) Bilde aus je zwei verschiedenen Kärtchen sechs unterschiedliche 6-stellige Zahlen.

287 321 319

______ ______ ______

______ ______ ______

b) Ordne die 6-stelligen Zahlen der Größe nach.

______ < ______ < ______

< ______ < ______ < ______

c) Bilde anschließend aus allen drei Kärtchen zusammen die größtmögliche 9-stellige Zahl und schreibe sie in Worten auf.

______

______

______

18 Mathelabyrinth: Finde den Weg von Lea (**L**) zu Tim (**T**) einmal über die kleinste und einmal über die größte Zahl. Die jeweilige Zahl ergibt sich dabei aus der Reihenfolge der überlaufenen Ziffern. Jedes Feld darf jeweils **maximal einmal** überschritten werden und man darf **nicht diagonal** laufen.

kleinste Zahl:

L	1	3	7
2	0	8	5
4	6	1	9
7	5	3	**T**

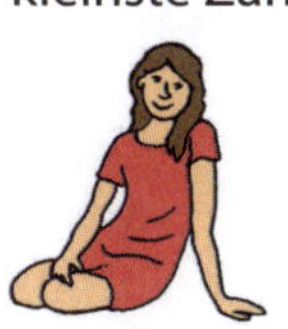

größte Zahl:

L	1	3	7
2	0	8	5
4	6	1	9
7	5		**T**

Das graue Feld wird nicht überschritten.

10er-Potenzen

Um große natürliche Zahlen nicht ausschreiben zu müssen, verwendet man zur Abkürzung oft die Potenzschreibweise. Es gilt:

Exponent

Basis $10^3 = 1000$

Potenz Potenzwert

Achtung: $\mathbf{10^0} = 1$
$\mathbf{10^1} = 10$
$\mathbf{10^2} = 10 \cdot 10 = 100$
$\mathbf{10^3} = 10 \cdot 10 \cdot 10 = 1\,000$
...

Tipp: Der Exponent sagt dir, wie viele Nullen an die **1** angehängt werden müssen, z. B. 10^3 = **1 000** oder 10^6 = **1 000 000**.

19 Notiere in Potenzschreibweise mit der Basis 10.

a) 10 000 = $\mathbf{10^4}$

b) 100 = ____________

c) eine Million = ____________

d) 1 = ____________

e) tausend = ____________

f) 100 Milliarden = ____________

g) 100 000 = ____________

h) 10 Billionen = ____________

20 Was passt zusammen? Male jeweils mit gleicher Farbe an.

21 Schreibe folgendes Produkt zunächst als Zahl und dann in Worten.

a) $7 \cdot 10^5$ = **700 000** **siebenhunderttausend**

b) $13 \cdot 10^4$ = ____________ ____________

c) $26 \cdot 10^3$ = ____________ ____________

d) $2 \cdot 10^6$ = ____________ ____________

e) $4 \cdot 10^0$ = ____________ ____________

22 Berechne.

a) $5 \cdot 10^5 + 3 \cdot 10^2 + 2 \cdot 10^1 =$

$\mathbf{5 \cdot 100\,000 + 3 \cdot 100 + 2 \cdot 10 = 500\,000 + 300 + 20 = 500\,320}$

b) $7 \cdot 10^4 + 5 \cdot 10^2 + 4 \cdot 10^1 =$

c) $9 \cdot 10^6 + 3 \cdot 10^3 + 2 \cdot 10^2 =$

23 Stelle die Zahl in 10er-Potenzschreibweise dar.

a) 6 310 =

$\mathbf{6\,000 + 300 + 10 = 6 \cdot 1\,000 + 3 \cdot 100 + 1 \cdot 10 = 6 \cdot 10^3 + 3 \cdot 10^2 + 1 \cdot 10^1}$

b) 80 360 =

c) 3 523 005 =

24 Auf dem Bild siehst du unser Planetensystem mit unserer Sonne und ihren acht Planeten: Merkur, Venus, Erde, Mars, Jupiter, Saturn, Uranus und Neptun. Dieses Planetensystem ist ein Teil der Galaxie „Milchstraße“. Die Milchstraße besteht nicht nur aus Planeten, sondern auch aus ungefähr hundert Milliarden Sternen.

Man nimmt an, dass es insgesamt 200 000 000 000 Galaxien geben soll, die jeweils so viele Sterne haben wie unsere Milchstraße.

▸ Wie viele Sterne sind das insgesamt? Schreibe als Potenz.

Runden

Sieh dir beim Runden auf eine bestimmte Stelle zunächst die Ziffer rechts von dieser Stelle an: Ist dies eine 0, 1, 2, 3 oder 4 ⟶ abrunden.
Ist dies eine 5, 6, 7, 8 oder 9 ⟶ aufrunden.

Runde die Zahl 287 652 auf Tausender (T): 287 652 ≈ **288 000**

Stelle, auf die gerundet werden soll

Ziffer rechts davon: **6**
→ aufrunden, (denn 5, 6, 7, 8 und 9 werden aufgerundet)

≈ bedeutet: „ist ungefähr gleich"

25 Überlege, wo du runden darfst. Male die passenden Felder an.

Anzahl der Feldspieler beim Fußball	Entfernung zwischen zwei Städten in km	Zuschauer in einem Fußballstadion
Telefonnummer	Postleitzahlen	Schuhgröße

26 Runde auf die angegebenen Stellen.

	Hunderter	Zehntausender	Hunderttausender
736 456	**736 500**		
2 546 132			
34 599 899			

27 Gib jeweils die größte und die kleinste Zahl an, die ...

a) auf **Hunderter** gerundet 86 **500** ergibt.
größte Zahl: **86 549 (abgerundet)** kleinste Zahl: **86 450 (aufgerundet)**

b) auf **Zehner** gerundet 587 580 ergibt.
größte Zahl: ____________ kleinste Zahl: ____________

c) auf **Zehntausender** gerundet 810 000 ergibt.
größte Zahl: ____________ kleinste Zahl: ____________

28 Zu einem Fußballspiel kamen ungefähr 32 000 Zuschauer (auf T gerundet).

▸ Wie viele könnten es genau gewesen sein? Kreise alle Möglichkeiten ein.

31 522 32 499 31 299 32 911 31 732

29 Schokolade und Schokoriegel. Wer mag sie nicht?

a) Runde die folgenden Angaben auf Tausender.

b) In welchem Land, das hier genannt wird, werden pro Jahr die meiste Schokolade und die meisten Schokoriegel gegessen? Male an.

Land	Frankreich	Schweiz	Deutschland	Schweden	Spanien
Schokolade pro Person und Jahr	6 960 g	10 750 g	11 540 g	6 300 g	3 260 g
gerundet					

c) Trage die gerundeten Werte in ein Balkendiagramm ein.
Wähle dazu eine passende Einheit.

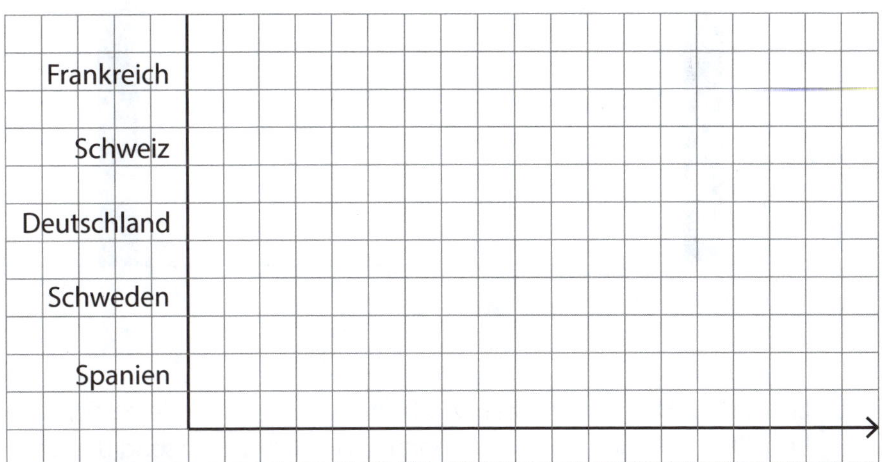

Gewicht in g

In Europa essen die Deutschen mit Abstand die meiste Schokolade, die Bulgaren die wenigste.

30 a) Runde die Höhen der Berge auf Hunderter und trage sie ins Säulendiagramm ein.

Mont Blanc – Frankreich (4 810 m) ≈ ______________________

Matterhorn – Schweiz (4 478 m) ≈ ______________________

Eiger – Schweiz (3 970 m) ≈ ______________________

Piz Palü – Schweiz (3 901 m) ≈ ______________________

Großglockner – Österreich (3 798 m) ≈ ______________________

Ätna – Italien (3 323 m) ≈ ______________________

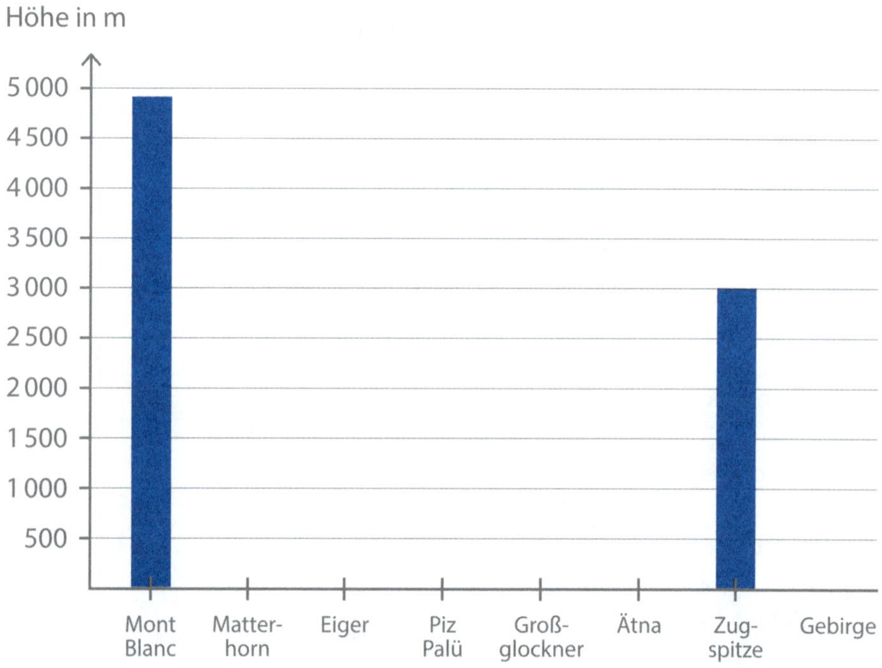

Höhe in m

5 000
4 500
4 000
3 500
3 000
2 500
2 000
1 500
1 000
500

Mont Blanc
Matterhorn
Eiger
Piz Palü
Großglockner
Ätna
Zugspitze
Gebirge

b) Lies die auf H gerundete Zahl zur Höhe der Zugspitze, dem höchsten Berg Deutschlands, aus dem Diagramm ab. Kreuze passend die tatsächliche Höhe an. Begründe, warum nur eine Lösung stimmen kann.

Die Zugspitze ist ...

○ 3 557 m ○ 2 964 m ○ 2 610 m ○ 3 199 m hoch.

Römische Zahlenschreibweise

Neben unserer Zahlenschreibweise mit arabischen Ziffern gibt es auch die römische Zahlenschreibweise, bei der folgende Zeichen benutzt werden:

I	V	X	L	C	D	M
1	5	10	50	100	500	1 000

Achtung: Ein paar Besonderheiten gibt es zu beachten!

IV	IX	XL	XC	CD	CM
4 (1 vor 5)	9 (1 vor 10)	40 (10 vor 50)	90	400	900

VIII = 5 + 1 + 1 + 1 = 8　　CXL = 100 + 40 = 140
XXVI = 10 + 10 + 5 + 1 = 26　　CDXCV = 400 + 90 + 5 = 495

31 Schreibe die Zahlen mit römischen Zahlzeichen.

a) 33 = ______　　c) 821 = ______　　e) 1 939 = ______
b) 144 = ______　　d) 1 409 = ______　　f) 2 301 = ______

32 Schreibe die Zahlen mit arabischen Ziffern.

a) CXXV = ______　　c) DC = ______　　e) MDCCLXIII = ______
b) MCCXXVI = ______　　d) DXL = ______　　f) CMXCIV = ______

33 Das Brandenburger Tor in Berlin wurde **1791** eröffnet.
Schreibe die Zahl in römischen Zahlzeichen:

______

34 Wie weit ist es von München nach Rom? Rechne um.

______

Addition und Subtraktion

Das Zusammenzählen von Zahlen nennt man **Addieren**, das Abziehen **Subtrahieren**. Die Addition und die Subtraktion sind zueinander entgegengesetzte Rechenarten, was du für die Probe nutzen kannst.

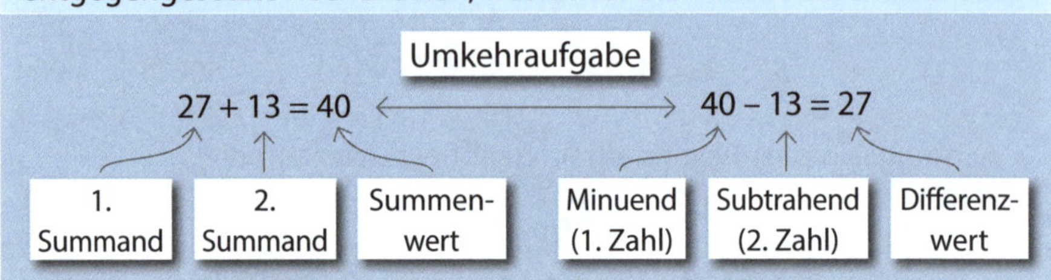

Tipp: **M** steht im Alphabet vor **S**: **M**inuend (1. Zahl) vor **S**ubtrahend (2. Zahl).

35 Berechne. Schaffst du die Aufgabe im Kopf in 5 Minuten?

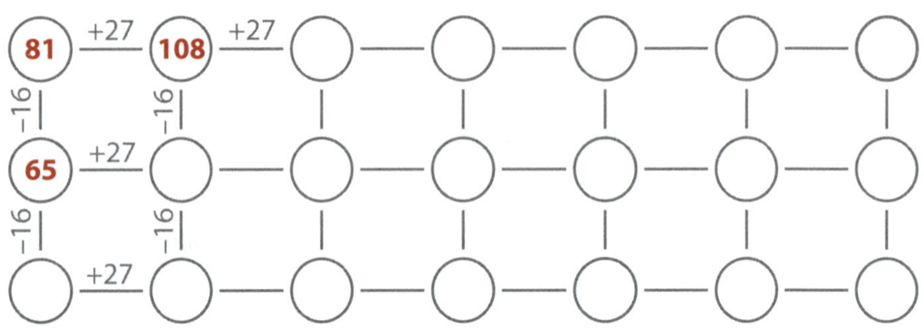

36 Ordne die Ergebnisse der Größe nach, dann erhältst du ein Lösungswort.

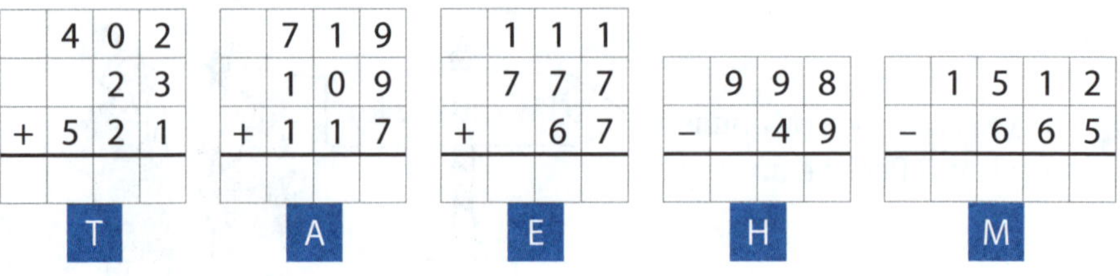

	4	0	2
		2	3
+	5	2	1

T

	7	1	9
	1	0	9
+	1	1	7

A

	1	1	1
	7	7	7
+		6	7

E

	9	9	8
–		4	9

H

	1	5	1	2
–		6	6	5

M

Lösungswort: ____________________

37 Ergänze die fehlenden Ziffern.

		6	3	
+			4	8
	1	1		2

	8	4	7	4
			0	1
+		2	1	5
	7	0		

	7		3	
−	2	5		6
		8	5	2

	2	2	5	7
		8	4	2
			2	
+		9		0
	6	7	1	3

38 Löse folgende Zahlenrätsel.

a) Berechne den Wert der Summe aus den Zahlen 1 862 und 981.

◯ 881 ◯ 2 843 ◯ 1 765

b) Addiere zur Summe der Zahlen 612 und 34 die Zahl 56.

◯ 702 ◯ 643 ◯ 590

c) Subtrahiere vom Vorgänger der Zahl 1 050 den Nachfolger der Zahl 469.

◯ 597 ◯ 1 489 ◯ 579

d) Subtrahiere von der Summe der Zahlen 365 und 923 die Zahl 576.

◯ 712 ◯ 721 ◯ 271

e) Addiere zur zweitgrößten zweistelligen Zahl die kleinste dreistellige Zahl mit der Quersumme 3.

◯ 200 ◯ 210 ◯ 199

Die Quersumme einer Zahl ist die Summe aller Ziffern dieser Zahl:
Die **Quersumme** der Zahl 367 ist: 3 + 6 + 7 = **16**.

39 Wie verändert sich der Differenzwert, wenn man ...

Tipp: Überlege dir jeweils ein Beispiel!

a) den Minuend um 5 vergrößert?

b) den Subtrahend um 4 vergrößert?

c) den Minuend und den Subtrahend um 2 verkleinert?

40 Bei der Fußball-WM 2014 fanden die ersten drei Gruppenspiele mit deutscher Beteiligung in der Arena Fonte Nova, Salvador (48 747 Plätze), dem Estadio Castelão, Fortaleza (67 037 Plätze) und der Arena Pernambuco, Recife (46 000 Plätze) statt.

a) Wie viele Zuschauer konnten diese drei Spiele insgesamt live im Stadion verfolgen?

b) Wie viele Zuschauer mehr hätten es sein können, wenn alle drei Gruppenspiele nur im größten der drei Stadien stattgefunden hätten?

41 Wähle jeweils zwei der Karten am Rand aus und setze ein Rechenzeichen so ein, dass ...

15 000 | 25 000 | 10 000 | 30 000 | 18 000 | 50 000

a) der Summenwert der beiden Karten kleiner als 30 000 ist.

☐ ◯ ☐ < 30 000

b) der Differenzwert der beiden Karten genau 5 000 ergibt.

☐ ◯ ☐ = 5 000

c) der Differenzwert der Null am nächsten liegt.

42 Knobelspaß: Was bedeuten die Zeichen?

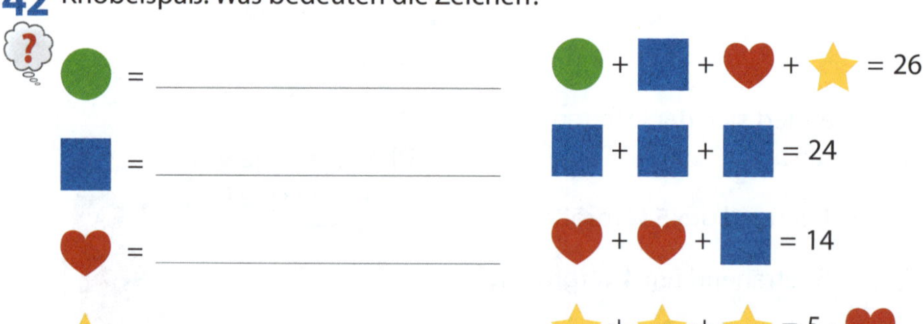

Rechnen mit Klammern bei der Addition und Subtraktion

Klammern musst du **zuerst** berechnen. Stehen in einer Rechenaufgabe mehrere Klammern ineinander, rechne von **innen nach außen**. Sind keine Klammern vorhanden, rechnest du von **links nach rechts**.

Erleichtere dir die Arbeit, indem du die Aufgabe Schritt für Schritt löst und untereinander schreibst.

$$\underbrace{(34 - 15)}_{19} + 18 = \underbrace{19 + 18}_{37} = 37$$

$$34 - \underbrace{(15 + 18)}_{33} = \underbrace{34 - 33}_{1} = 1$$

43 Berechne auf einem Block. Denk daran: Rechne Schritt für Schritt.

a) 124 – (26 + 35) = ________

b) 176 + [(56 – 23) + 19] = ________

c) [(201 – 54) + 23] – 14 = ________

d) (87 – 25) – (23 + 22) = ________

e) 187 + 21 – (45 – 29) = ________

f) 100 + [54 + (51 – 23) + 33] = ________

44 Hier wurden die Klammern vergessen. Kannst du sie richtig setzen? Manchmal gibt es auch verschiedene Möglichkeiten. Gibt es auch Aufgaben, bei denen man die Klammern weglassen kann?

a) 25 + 35 – 25 = 35

b) 55 – 24 – 12 = 43

c) 29 + 12 + 43 = 84

d) 80 – 20 + 40 = 100

e) 75 – 15 – 45 – 10 = 25

f) 12 + 34 – 12 + 23 = 11

Bei diesen Aufgaben braucht man die Klammern nicht: ________________

Multiplikation und Division

Das Malnehmen von Zahlen nennt man **Multiplizieren**, das Teilen **Dividieren**. Die Multiplikation und Division sind zueinander entgegengesetzte Rechenarten, was man für die Probe nutzen kann.

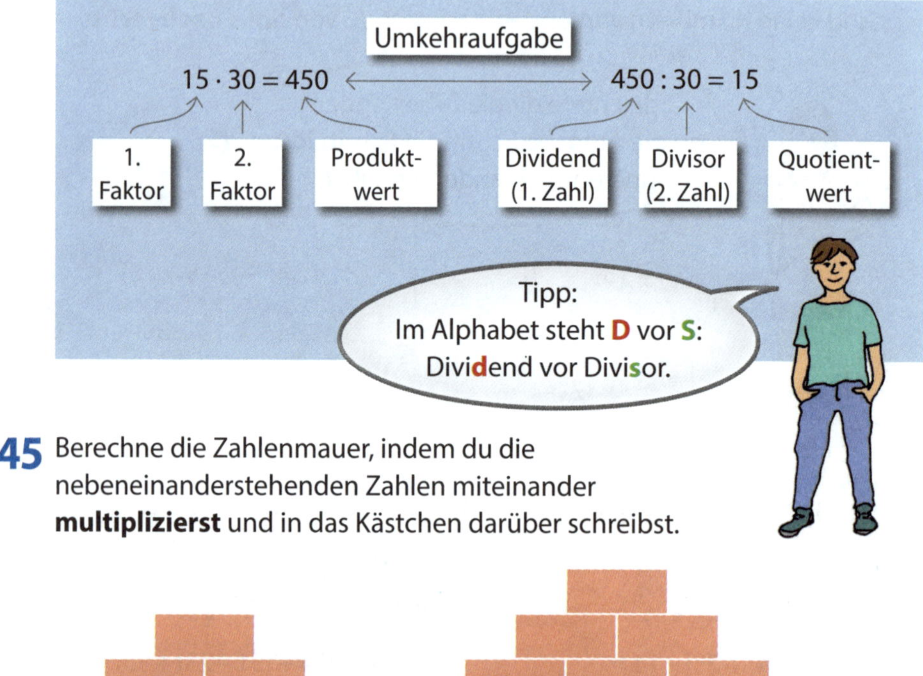

45 Berechne die Zahlenmauer, indem du die nebeneinanderstehenden Zahlen miteinander **multiplizierst** und in das Kästchen darüber schreibst.

2	4	3

5	3	10	4

46 Multipliziere schriftlich.
Beachte: Jede Zahl bekommt **immer** ein eigenes Kästchen!

3	6	·	5	4
	1	8	0	

3	3	4	·	6	2

8	9	4	·	2	4	6

47 Dividiere schriftlich.

2	5	2	:	7	=						4	4	2	8	:	9	=						

1	2	2	4	:	1	8	=				4	1	1	4	:	3	4	=					

48 Berechne im Kopf. Das Ergebnis der Aufgabe findest du als Anfangszahl der nächsten Aufgabe wieder, mit der du dann weiter rechnest.

Start 7 · 15 = **105**	14 · 7 =	140 : 20 =
196 : 4 =	35 · 4 =	98 · 2 =
105 : 3 =	490 : 2 =	49 · 10 =
7 · 18 =	126 : 9 =	245 Ziel

49 Tims und Leas Schule will 3 564 €, den Erlös des Weihnachtsmarktes, spenden. Die Hälfte des Geldes geht an Straßenkinder in Südamerika. Das übrige Geld wird zu gleichen Teilen an eine Schule in Südafrika, eine Schule in Somalia und ein Kinderdorf in Deutschland gespendet.

▶ Wer bekommt wie viel Geld?

50 Dividiere durch dreistellige Zahlen.

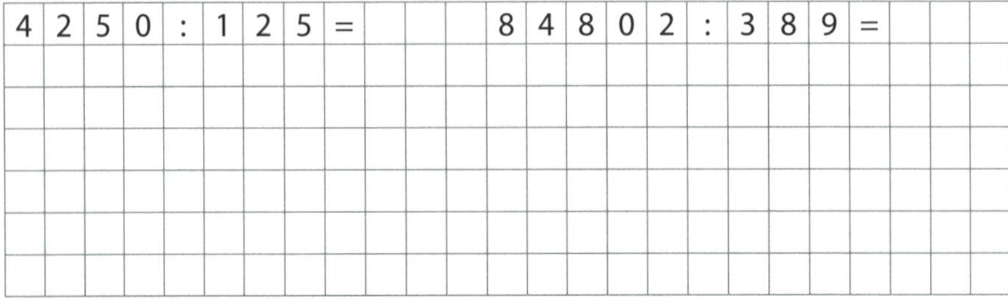

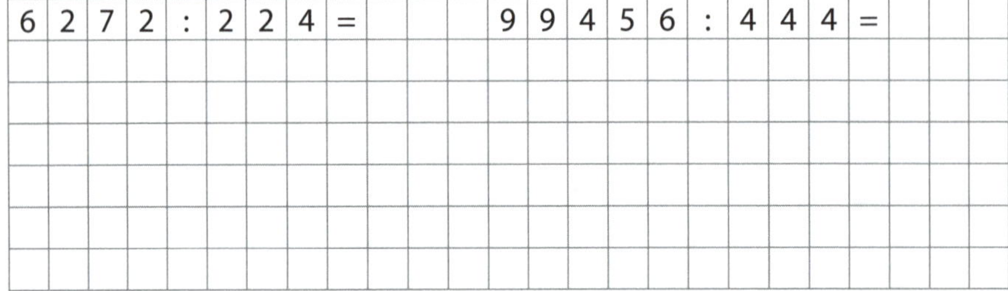

51 Berechne ...

a) den Produktwert aus den Zahlen 48 und 11.

b) den Quotientwert aus den Zahlen 182 und 14.

c) den Produktwert aus den Zahlen 202 und 111.

d) den Quotientwert aus den Zahlen 350 und 25.

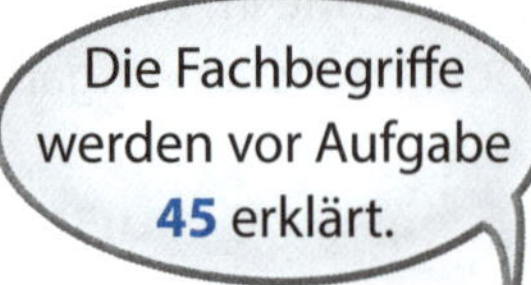

52 Welche Zahl ist der zweite Faktor,
wenn der erste Faktor 26 und der Produktwert 286 ist?

53 Welche Zahl ist der Dividend,
wenn der Quotientwert 105 und der Divisor 50 ist?

54 Überlege mit Hilfe eines Beispiels:

Wie verändert sich der Produktwert, wenn man beide Faktoren verdoppelt?

55 Tim fährt an 198 Tagen im Jahr mit dem Bus zur Schule und wieder zurück. Seine Bushaltestelle ist 11 km von der Schule entfernt.

▶ Wie viele Kilometer legt er jedes Jahr mit dem Bus zurück?

56 Lea besucht ihre Oma. Mit dem ICE braucht sie für die 612 km von München nach Hamburg ungefähr 6 Stunden.

▶ Wie viele Kilometer legt der ICE ungefähr in einer Stunde zurück?

57 Tim, Lea und ihre Eltern schauen sich am Samstagabend gerne gemeinsam einen Film an. Heute ist Tim an der Reihe und sucht sich einen Actionfilm aus. Leider läuft der Film genau auf dem TV-Sender, der die meiste Werbung ausstrahlt: Innerhalb jeder vollen Stunde werden vier Werbeblöcke gezeigt, die jeweils 5 Minuten dauern.

a) Wie viele Minuten Werbung wird gezeigt, wenn der Film um 19:00 Uhr beginnt und um 22:00 Uhr endet?

b) Jetzt stell dir vor, du würdest 24 Stunden diesen Sender anschauen. Wie viele Stunden Werbung würdest du sehen?

58 Tims Lieblingsbuch ***Kalle Blomquist*** hat insgesamt 250 Seiten. Auf jeder Seite befinden sich ca. 940 Zeichen. (Ein Zeichen ist entweder ein Buchstabe, ein Satzzeichen wie Komma oder Punkt oder auch ein Leerzeichen.)

a) Wie viele Zeichen befinden sich insgesamt im ganzen Buch? Mache zunächst einen Überschlag. (Tipp: Beim Überschlag rundet man jeden Faktor so, dass sich die Rechnung leicht im Kopf lösen lässt.)

b) Wie viele Stunden und Minuten hätte eine Sekretärin von Astrid Lindgren ungefähr gebraucht, um dieses Buch einmal zu tippen, wenn sie pro Minute ungefähr 200 Zeichen tippen kann?

Potenzen

Ein Produkt aus lauter gleichen Faktoren schreibt man kurz als Potenz:

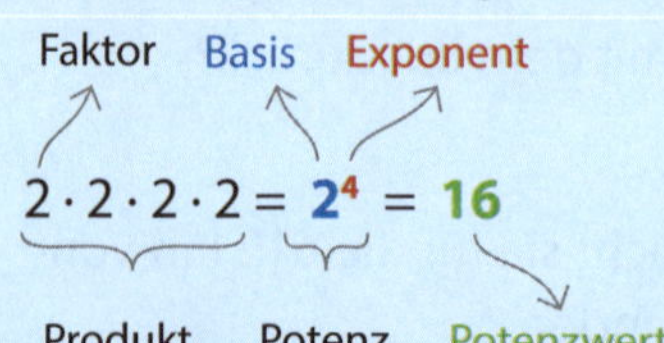

Beachte: Ist der Exponent die Zahl 0, so ist der Potenzwert immer 1:

$2^0 = 1$

$3^0 = 1$

$7^0 = 1$ ...

Ist der Exponent eine 2, spricht man von **Quadratzahlen**.

$2^2 = 4$; $9^2 = 81$; $12^2 = 144$; ...

59 Schreibe die folgenden Produkte als Potenz und berechne den Potenzwert.

a) $3 \cdot 3 \cdot 3 =$ **$3^3 = 27$**

b) $2 \cdot 2 \cdot 2 \cdot 2 \cdot 2 =$ __________

c) $1 \cdot 1 \cdot 1 \cdot 1 \cdot 1 \cdot 1 =$ __________

d) $7 \cdot 7 \cdot 7 =$ __________

e) $10 \cdot 10 \cdot 10 \cdot 10 =$ __________

f) $12 \cdot 12 =$ __________

60 Schreibe als Produkt und berechne.

a) $7^2 =$ **$7 \cdot 7 = 49$**

b) $4^4 =$ __________

c) $6^3 =$ __________

d) $1^7 =$ __________

e) $2016^1 =$ __________

f) $2^8 =$ __________

61 Ersetze jeden Tintenklecks durch eine passende Zahl. Ergänze unten jeweils den Lösungsbuchstaben. So findest du ein Lösungswort.

$\square^3 = 27$ T | $7^\square = 1$ E | $\square^{18} = 1$ P | $10^\square = 100\,000$ X

$\square^4 = 16$ N | $4^\square = 256$ O | $\square^3 = 1000$ E | $\square^2 = 144$ N

Buchstabe								
$\square$	0	5	1	4	2	10	12	3

62 Quadratzahlen

$5^2 =$ **25**	$9 =$ $\mathbf{3^3}$	81 = ______	$12^2 =$ ______	1 = ______
289 = ______	$20^2 =$ ______	36 = ______	$14^2 =$ ______	$16^2 =$ ______
225 = ______	$7^2 =$ ______	100 = ______	$11^2 =$ ______	$8^2 =$ ______

63 In einem Labor werden Bakterien untersucht, deren Anzahl sich jede Stunde verdoppelt. Nimm an, zu Beginn ist nur ein Bakterium vorhanden. Ergänze die Tabelle. Findest du die Potenzschreibweise heraus?

nach ... Stunden	1	2	3	4	5	7	9	10
Anzahl der Bakterien								
Potenzschreibweise	2^1							

64 Tim erhält auf sein Handy eine Ketten-Mail, die er an **drei Freunde** (= 1. Durchlauf) verschicken soll.

Er überlegt: Wenn sich alle angeschriebenen Personen beteiligen ...

a) Ergänze das Diagramm für die ersten drei Durchläufe.

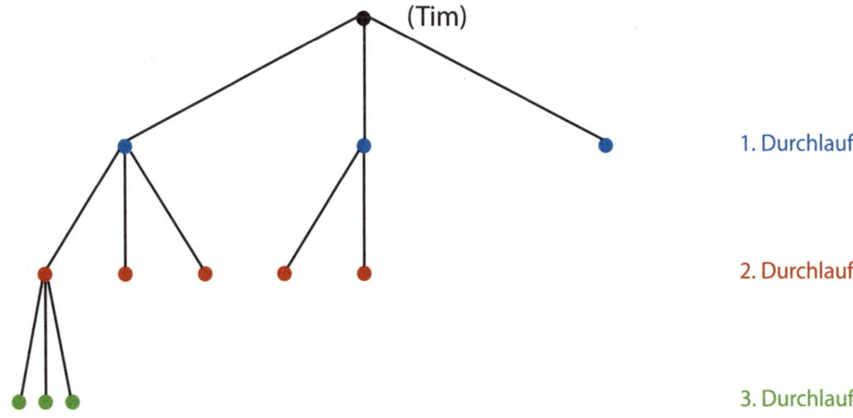

b) Wie viele Personen würden bei fünf Durchläufen eine Mail bekommen? Gib das Ergebnis in Potenzschreibweise an. Berechne den Potenzwert. Rechne auf deinem Block.

Verbinden der Grundrechenarten

Vorfahrtsregeln bei der Berechnung von Termen: die KlaPoPS-Regel

Kla	**Po**	**P**		**S**	-Regel
Klammer	Potenz	Punkt	vor	Strich	

Merke: Was noch nicht zum Rechnen dran, das schreibe unverändert an.

Gibt es keine Klammern, Potenzen und Punktrechnungen, rechnest du einfach von links nach rechts.

KlaPoPS-Regel erst innerhalb der Klammer!

	2	·	(	6	·		5^2	−	1	1	·	3	)	**Potenz**
=	2	·	(	6	·	2	5	−	1	1	·	3	)	**Punktrechnung**
=	2	·	(		1	5	0	−		3	3		)	**Strichrechnung**
=	2	·					1	1	7					von links nach rechts
=	2	3	4											

65

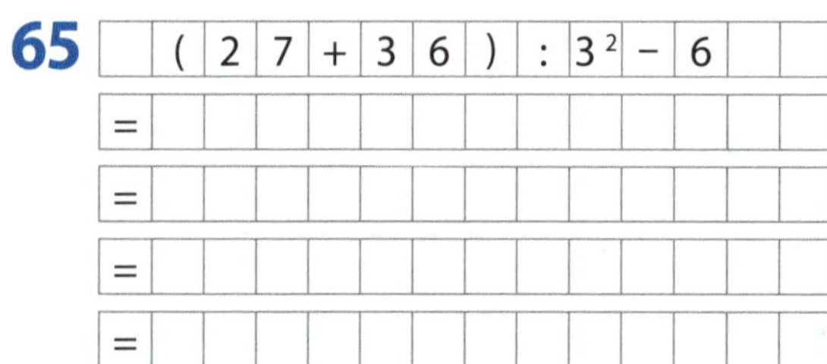

Klammer

Potenz

Punktrechnung

Strichrechnung

66

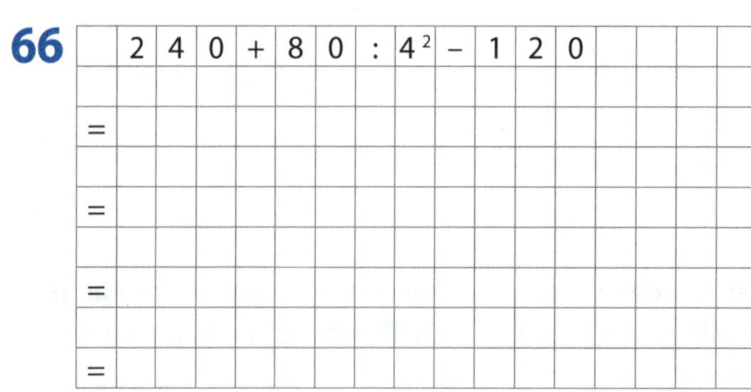

67 Berechne im Kopf oder auf deinem Block.
Male jeweils das Feld passend zu dem Ergebnis rot aus.

$4 + 66 : 3 + 2 =$ ______ $10 + 36 : (9 - 6) =$ ______ $5 + 4 \cdot 5 + 15 =$ ______

$25 \cdot 4 + 2 \cdot 10 =$ ______ $2^5 - 30 + 14 \cdot 2 =$ ______ $54 : 6 + 72 : 4 =$ ______

$(5^2 \cdot 2 - 11 \cdot 3) \cdot 3 =$ ______ $20 + (6 \cdot 3 - 2 \cdot 2) =$ ______

$5 \cdot (3^2 - 3) + 15 =$ ______ $12 - 3 \cdot 3 + (3^3 - 17) \cdot 4 =$ ______

$(8 + 4) \cdot (5 + 15) =$ ______ $(11 + 16) : 3^2 - 3 =$ ______

$11 - 20 : 4 + 4^2 - (2 \cdot 6 - 5 \cdot 2) =$ ______ $[270 - (80 + 100) + 120] \cdot 3 =$ ______

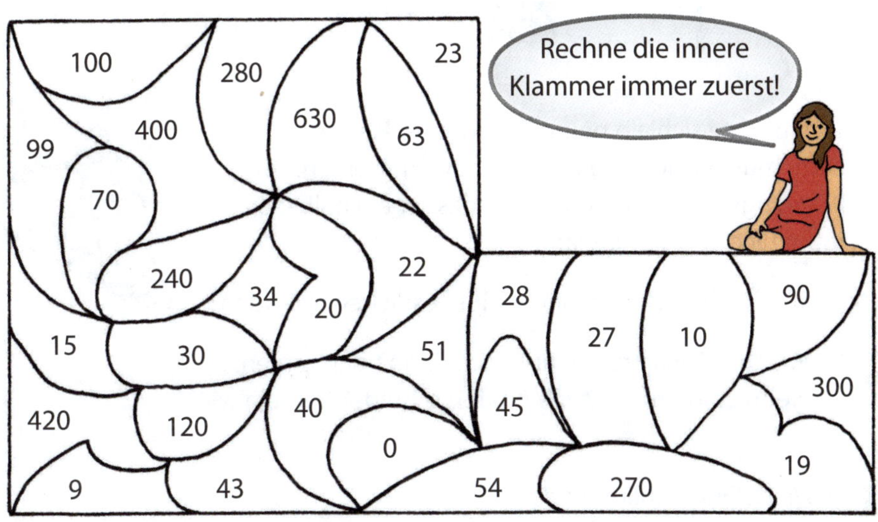

68 Tim soll folgende Aufgabe lösen: $10 \cdot 4 + 3 \cdot 5$.
Er will geschickt rechnen und schreibt:

	1	0	·	4	+	3	·	5								
=	1	0	·		7		·	5								
=	7	0					·	5								
=	**3**	**5**	**0**													

Sein Ergebnis ist falsch. Beschreibe seinen Fehler!

69 Kreuzzahlenrätsel: Rechne im Kopf und trage die Zahlen ein.
Beachte: Pro Kästchen schreibst du nur eine Ziffer, zum Beispiel: | 9 | 6 |.

	854 – 765	$23 \cdot 2$			144 : 12	865 + 1218			128 : 4	1^0	
455 + 389				11^2				$2^2 - 1$		1234 – 850	283 + 489
$12 \cdot 8$	**9**	**6**	$70 \cdot 6$				8001 – 3764				
	120 : 15	$3^2 \cdot 11$			720 : 9				54 + 33		
900 – 53					18^2				$14 \cdot 3$		

70 Tim möchte sich ein neues Snowboard kaufen.
Dazu muss er sich 280 € von seiner Oma leihen.
Allerdings hat Tim versprochen, dass er ein halbes Jahr monatlich 16 € zurückzahlt.

a) Wie hoch sind dann noch seine restlichen Schulden?

b) Welche Monatsraten muss Tim dann noch zahlen, wenn er in weiteren 8 Monaten schuldenfrei sein will?

71 Lea liebt Orangenlimonade.

Zu ihrem Geburtstag besucht sie mit ihrer Familie eine Limonadenfabrik. Dort erfährt sie Folgendes:

In dieser Getränkefirma wird jeden Tag 14 Stunden lang Leas Lieblingsgetränk in Flaschen abgefüllt. In einen Limokasten passen 12 Flaschen mit einem Liter Inhalt. Die Getränkekisten werden auf Paletten mit jeweils 25 Kästen gestapelt. In einer Stunde werden so acht Paletten produziert.

a) Wie viele Flaschen von Leas Lieblingslimo werden täglich abgefüllt?

b) Wie viele Flaschen werden in einem ganzen Jahr mit 365 Tagen abgefüllt, wenn die Maschinen jeden Tag laufen?

Rechengesetze und Rechenvorteile

Wenn du mehrere Zahlen **addieren** oder **multiplizieren** sollst, kannst du dir durch geschicktes Rechnen Vorteile schaffen.

Bei der Addition und Multiplikation darfst du die **Reihenfolge** der Zahlen beliebig **vertauschen**. Das Ergebnis ändert sich dabei nicht **(Kommutativgesetz)**.

72 Berechne geschickt im Kopf: Addition.
Rechts findest du das passende Ergebnis.

a) 188 + 375 + 12 = **188 + 12 + 375 = 200 + 375 = 575**

b) 1 799 + 587 + 1 = ______________________

c) 154 + 720 + 6 + 80 = ______________________

d) 19 + 36 + 4 + 1 = ______________________

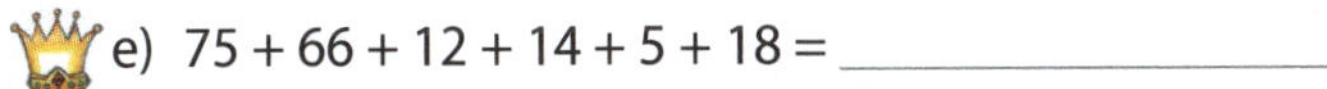

e) 75 + 66 + 12 + 14 + 5 + 18 = ______________________

73 Berechne geschickt im Kopf: Multiplikation.

a) 25 · 7 · 4 = **25 · 4 · 7 = 100 · 7 = 700**

b) 4 · 16 · 250 = ______________________

c) 8 · 3 · 125 = ______________________

d) 10 · 65 · 2 = ______________________

e) 50 · 24 · 2 = ______________________

f) 2 · 622 · 25 · 2 = ______________________

16 000

62 200

3 000

2 400

~~700~~

1 300

Kombinieren

Hat man die Möglichkeit, mehrere Gegenstände auszuwählen und miteinander zu kombinieren, so lässt sich dies gut in einem **Baumdiagramm** darstellen. Die Anzahl der letzten Äste ergeben zusammengezählt das Ergebnis.

In einem Fahrradgeschäft gibt es gerade ein Sonderangebot.

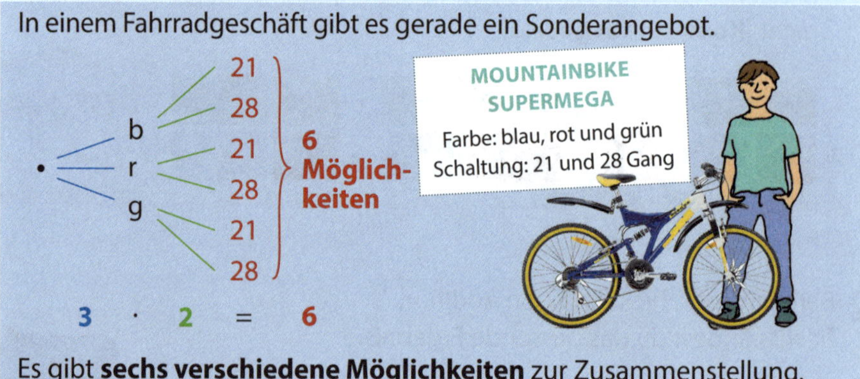

Es gibt **sechs verschiedene Möglichkeiten** zur Zusammenstellung.

Grundsätzlich kannst du ein Baumdiagramm von **links nach rechts** oder **von oben nach unten** zeichnen.

74 Tim möchte gerne eine Kugel Eis.

Erste Entscheidung: **B**echer oder **W**affel?
Zweite Entscheidung: **V**anilleeis, **N**ougateis oder **E**rdbeereis?
Dritte Entscheidung: **Z**uckerstreusel oder **S**chokosoße darüber?

▸ Vervollständige das Baumdiagramm. Wie viele Möglichkeiten hat er?

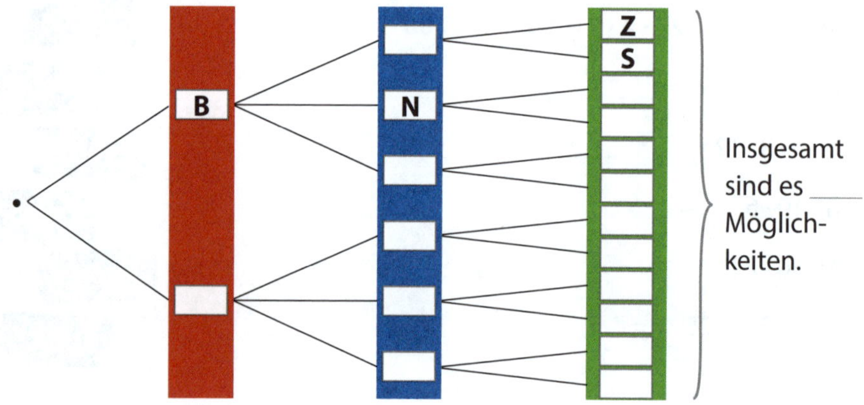

75 Das Baumdiagramm zeigt dir verschiedene Möglichkeiten beim Einstellen eines zweistelligen Zahlenschlosses mit den Ziffern 0, 1, 2 und 3 an.

a) Ergänze das Diagramm.

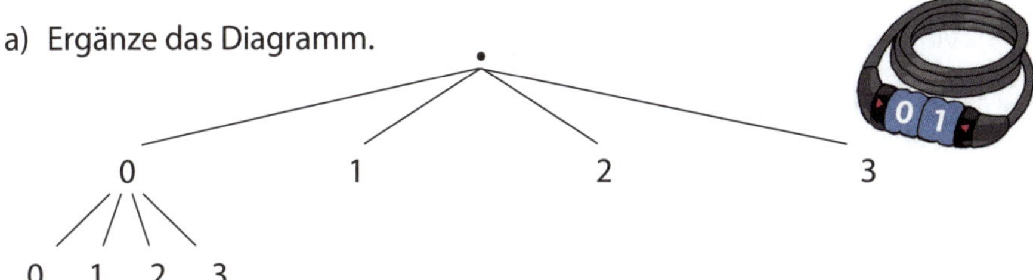

b) Wie viele Möglichkeiten gibt es beim Einstellen des Codes?

76 In Leas Lieblingsrestaurant gibt es heute ein Sonderangebot:

a) Wie viele verschiedene Menüzusammenstellungen gibt es? Löse mit Baumdiagramm und Rechnung.

b) Wie viele unterschiedliche Zusammenstellungen gibt es, wenn Lea zusätzlich zwischen zwei Getränken wählen kann? Löse ohne neuen Baum! Begründe deine Antwort.

77 Tim möchte zum Nikolaus jedem aus seiner Familie ein Nikolaussäckchen zusammenstellen. In jedem Säckchen sollen ein Nikolaus, eine Christbaumkugel und eine Nuss liegen.

- Wie viele Kombinationsmöglichkeiten gibt es, wenn es den Nikolaus entweder aus **weißer Schokolade**, **Nussschokolade**, **Zartbitterschokolade** oder **Vollmilchschokolade**, die Christbaumkugel entweder in **rot**, **blau**, **gelb** oder **silbern** und es die Auswahl zwischen **Haselnuss**, **Walnuss**, **Erdnuss** und **Pekannuss** gibt?
- Stelle die Kombinationsmöglichkeiten als Potenz dar. Rechne aus.

78 Tim möchte einen Turm aus 3 Bauklötzen bauen. Er hat dafür zwei **blaue**, einen **roten** und einen **grünen** Bauklotz, also 4 Bauklötze, zur Verfügung.

a) Vervollständige das Baumdiagramm.

b) Wie viele unterschiedliche Türme kann er aus drei Bauklötzen bauen?

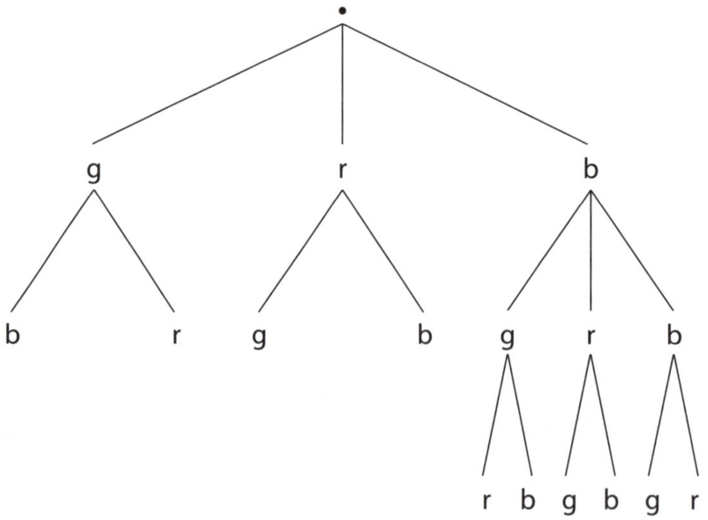

g r b

b r g b g r b

r b g b g r

c) Wie viele Türme haben in der Mitte einen roten Bauklotz?

d) Wie viele Türme bestehen aus drei verschiedenen Farben?

79 Rechts siehst du vier verschiedene Ziffernkarten.

a) Wie viele verschiedene vierstellige Zahlen kannst du damit legen?

b) Wie viele Zahlen davon sind gerade? Schreibe diese auf.
(Gerade Zahlen haben als letzte Ziffer eine 0, 2, 4, 6 oder 8.)

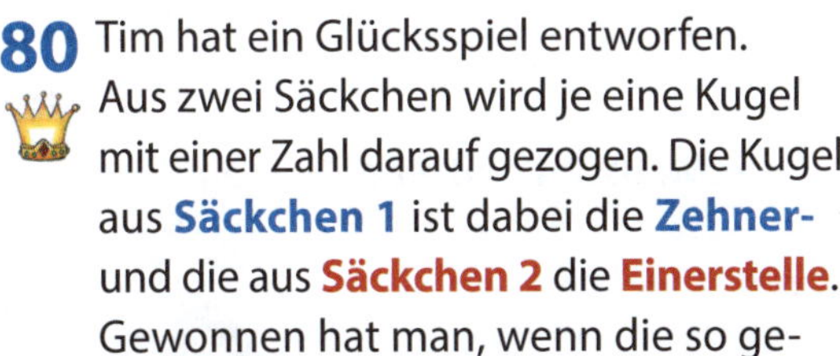

80 Tim hat ein Glücksspiel entworfen. Aus zwei Säckchen wird je eine Kugel mit einer Zahl darauf gezogen. Die Kugel aus **Säckchen 1** ist dabei die **Zehner-** und die aus **Säckchen 2** die **Einerstelle**. Gewonnen hat man, wenn die so gezogene Zahl durch 3 teilbar ist. Ein Baumdiagramm hilft dir!

▶ Wie viele Gewinnkombinationen gibt es? (Teilbarkeit siehe vor Aufg. **120**)

81 Bei Tim und Lea gibt es Buchstabensuppe. Mit den Nudeln in Buchstabenform legen sie die folgenden Worte: LEA TEE KETTE

▶ Wie viele **verschiedene** Buchstabenkombinationen können sie jeweils aus den Buchstaben dieser Wörter legen? Die Kombinationen müssen **keine Wörter** ergeben! Trage alle Lösungen in die Tabelle ein.

LEA	TEE	KETTE		

82 Lea wirft eine Münze dreimal. Diese kann Kopf (K) oder Zahl (Z) zeigen. Das Ergebnis eines dreimaligen Münzwurfes notiert sie in einer Kurzschreibweise wie z. B. **KZK** für **1. Wurf Kopf**, **2. Wurf Zahl**, **3. Wurf Kopf**.

a) Wie viele verschiedene Möglichkeiten für Ergebnisse gibt es insgesamt?

b) Wie viele Möglichkeiten gibt es mit genau zweimal Zahl?

Rechnen mit Größen

Größen werden immer mit Hilfe einer **Maßzahl** und einer **Maßeinheit** angegeben:

150 Gramm

Maßzahl ↗ ↖ **Maßeinheit**

Beim Rechnen mit Größen ist es sinnvoll, zunächst alle Angaben in die gleiche Maßeinheit umzuwandeln.

Geld

In den meisten Ländern der europäischen Union sind Euro (€) und Cent (ct) die Geldwerteinheiten. Für das Umrechnen von **Geld**beträgen ist der **Umrechnungsfaktor 100**:

1 € = 100 ct ⟷ 1 ct = 0,01 €

Häufig werden Geldbeträge in der **Kommaschreibweise** angegeben.

1,58 € = 1 € 58 ct = 158 ct	0,06 € = 0 € 6 ct = 6 ct

83 Wandle um. Achte auf die angegebene Einheit.

a) 72 € = ______________ ct d) 400 ct = ______________ €

b) 4 € = ______________ ct e) 6 000 ct = ______________ €

c) 980 € = ______________ ct f) 29 000 ct = ______________ €

84 Gib die Kommaschreibweise an.

a) 26 € 12 ct = **26,12 €** e) 5 € 77 ct = ______________ €

b) 2 € 20 ct = ______________ € f) 60 ct = ______________ €

c) 76 € 5 ct = ______________ € g) 646 ct = ______________ €

d) 467 € 1 ct = ______________ € h) 2 € 2 ct = ______________ €

85 Berechne auf einem Block. Gib das Ergebnis in gemischter Schreibweise an. Verbinde die Aufgabe mit dem passenden Ergebnis.

a) 7 € 12 ct + 6 € 24 ct = **13 € 36 ct**

b) 98 € 97 ct – 54 € 23 ct = ____________

c) 2 € 60 ct + 80 ct = ____________

d) 4,30 € · 4 = ____________

e) 8,60 € : 2 = ____________

f) 501 € 64 ct + 43,23 € = ____________

g) 25 € – 13 € 5 ct = ____________

11 € 95 ct

44 € 74 ct

13 € 36 ct

4 € 30 ct

17 € 20 ct

544, 87 €

3 € 40 ct

86 Für ihre Geburtstagsfeier kauft Lea Süßigkeiten ein. Sie kauft 3 Tüten Himbeerbonbons zu je 1,25 €, vier Tüten saure Schlangen zu je 2,10 € und drei Tüten saure Pommes zu je 75 ct. Sie bezahlt mit einem 20-€-Schein.

▶ Wie viel Geld erhält Lea zurück?

87 Tim möchte sich ein Fahrrad kaufen. Auf seinem Sparbuch liegen 345 €. Von seinen Eltern bekommt er zum Geburtstag 50 €. Seine Oma leiht ihm den Rest. Er zahlt ihr 9 Monate 5 € zurück.

▶ Wie viel kostet das Wunschfahrrad?

88 Leas Eltern haben sich für 860,90 € einen neuen Kühlschrank gekauft. 140,90 € zahlen sie gleich an. Für den Restbetrag wollen sie sich zwischen den folgenden Möglichkeiten entscheiden:

a) Den Rest wollen sie in 10 Monaten zurückzahlen. Wie hoch ist eine Monatsrate?

b) Im Monat wollen sie eine Rate von 90 € bezahlen. Wie viele Monate müssen sie diese Rate zahlen?

Masse

Für das Umrechnen von **Massen** ist der **Umrechnungsfaktor 1000**:

1 t (Tonne)	= 1000 kg	⟷	1 kg = 0,001 t
1 kg (Kilogramm)	= 1000 g	⟷	1 g = 0,001 kg
1 g (Gramm)	= 1000 mg (Milligramm)	⟷	1 mg = 0,001 g

89 Wandle in die in Klammern angegebene Einheit um. Eine Umrechnungstabelle (unten) kann dir dabei helfen: Trage die Ziffern der Aufgaben c) und d) in die passenden Spalten immer von rechts nach links ein.

a) 9 200 g (kg) = **9,200 kg**

b) 31 754 mg (g) = ______________

c) 82 kg (g) = ______________

d) 0,035 t (kg) = ______________

e) 7 t 500 kg (t) = ______________

f) 8 000 kg (t) = ______________

g) 4 kg (t) = ______________

h) 5 t 3 kg (kg) = ______________

	t					kg			g			mg		
	HT	T	H	Z	E	H	Z	E	H	Z	E	H	Z	E
a)								9	2	0	0			
b)										3	1	7	5	4
c)														
d)														

90 Welche Masse fehlt zu ...

a)

1 t	
547 kg	kg
0,800 t	t
9 000 g	kg

b)

3 kg	
0,640 kg	kg
1,120 kg	kg
2 222 g	g

91 Berechne.
Tipp: Wandle zuerst jeweils alle Angaben einer Aufgabe in eine gemeinsame Einheit um.

▶ Male die Aufgabe und das passende Ergebnis mit der gleichen Farbe an.

5 kg – 2400 g =	**5000 g – 2400 g = 2600 g**	4,700 g
4,200 g + 500 mg =		13,125 kg
15 t 750 kg : 63 kg =		0,180 t
580 kg – 0,4 t =		53 t 539 kg
680 kg – 1000000 mg =		2600 g
8,2 t + 300 kg + 3000 g =		10,8 kg
1,2 kg · 9 =		679 kg
54 t 189 kg – 650 kg =		250
15 · 0,875 kg =		8503 kg

92 Tim fliegt mit seiner Familie in den Urlaub. Für die Flugreise gilt, dass jedes Gepäckstück die 20-kg-Marke nicht überschreiten darf. Tim will auf jeden Fall seinen Schnorchel mit der Taucherbrille (460 g), die Flossen (1 kg 80 g) und vier Bücher (je 430 g) mitnehmen.

▶ Wie schwer darf Tims restliches Gepäck noch sein?

93 Lea hat 0,8 kg von ihrem Lieblingsmüsli gekauft. Nachmittags isst sie 25 g als Zwischenmahlzeit. Morgens isst sie die dreifache Menge.

a) Wie viele Tage reicht das Müsli?

b) Wie viel Kilogramm Müsli muss sie einkaufen, wenn es einen Monat halten soll? (Rechne für einen Monat mit 30 Tagen!)

Zeit

Für das Umrechnen von Zeitdauern gibt es keinen einheitlichen Umrechnungsfaktor:
1 d (Tag) = 24 h 1 h (Stunde) = 60 min 1 min (Minute) = 60 s (Sekunde)

3 600 s = 1 h 3 786 s = 1 h 186 s = 1 h 3 min 6 s

94 Wandle um. Achte auf die angegebenen Einheiten.

a) 120 min = ________________ h

b) 2,5 h = ________________ min

c) 30 min = ________________ h

d) 578 min = _______ h _______ min

e) 7 200 s = ________________ h

f) 1,5 h = ________________ s

g) 3 d 15 h = ________________ h

h) 4,25 h = _____ h _____ min

95 Tim darf ins Landschulheim fahren. Der Bus fährt am Montag nach dem Unterricht um 13:10 Uhr an der Schule los und liefert die Kinder am Donnerstag um 11:35 Uhr wieder an der Schule ab.

a) Wie viele Tage, Stunden und Minuten war Tim unterwegs? Gib das Ergebnis in gemischter Schreibweise (d, h, min) an.

b) Wie viele Stunden und Minuten war Tim insgesamt von zu Hause weg, wenn er in der Früh immer um 7:15 Uhr das Haus verlässt und für seinen Heimweg von der Schule 25 min benötigt?

96 Lea und Tim fliegen mit ihren Eltern nach Rio de Janeiro in Brasilien. Die Zeitverschiebung zwischen München und Rio beträgt 5 h, das heißt, wenn es in München 13:00 Uhr ist, dann ist es in Rio erst 8:00 Uhr morgens. Leas und Tims Maschine startet am Freitag in München um 18:00 Uhr Ortszeit und fliegt nach einem Aufenthalt von 3 h 10 min in Frankfurt weiter nach Rio. Dort landet das Flugzeug um 4:55 Uhr Ortszeit am Samstag.

▸ Wie lange ist die reine Flugzeit von München nach Rio de Janeiro?

165

Rechnen und Textaufgaben

Realschule 5. Klasse

Lösungen

Dieser Lösungsteil ist herausnehmbar!
Klammern in der Mitte des Heftes öffnen!

Zwischenergebnisse sind **grün**, **Endergebnisse** sind **rot** gedruckt.

1 Die Zahl 9 999 999 999 ist nicht die größte natürliche Zahl, denn z. B. die **Zahl 10 000 000 000 ist größer**. Die Menge der natürlichen Zahlen **hört nie auf**, es gibt immer eine noch größere Zahl.

Jede natürliche Zahl besitzt einen **Nachfolger** in den natürlichen Zahlen, aber nicht jede natürliche Zahl besitzt auch einen Vorgänger in den natürlichen Zahlen, denn der **Vorgänger der Zahl 1 wäre die Zahl 0**, die **nicht** zu den natürlichen Zahlen gehört.

2 a) größte Zahl: **9999** kleinste Zahl: **1 111**

b)

Vorgänger	Zahl	Nachfolger
6731	6732	**6733**

c) **1 357** (1 111 = kleinste Zahl
1 234 = kleinste Zahl mit verschiedenen Ziffern
1 357 = kleinste Zahl mit verschiedenen ungeraden Ziffern)

d) **9998** (Bei geraden Zahlen muss **nur** die letzte Ziffer/Einer-Ziffer eine 0, 2, 4, 6 oder 8 sein: Die Ziffer 8 ist die größte der möglichen Ziffern.)

3 a) A = **4** B = **12** C = **18** D = **26** E = **34**
b) A = **150** B = **400** C = **650** D = **950** E = **1 050**

4 a) 0; 11; 3; 7; 9; 4; 13 → 0 < 3 < **4** < **7** < **9** < **11** < **13**

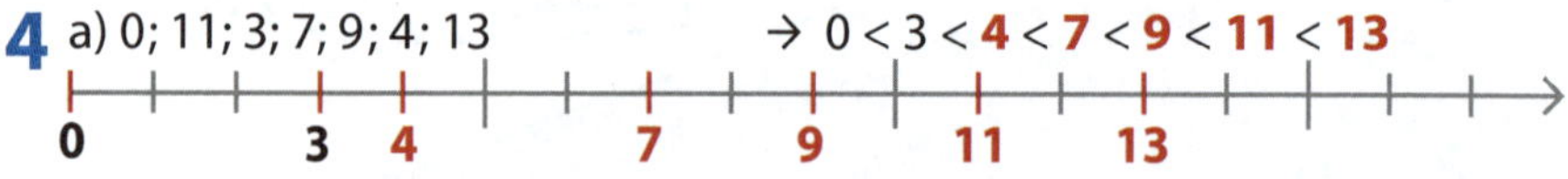

b) 75; 105; 30; 45; 120; 15 → **15** < **30** < **45** < **75** < **105** < **120**

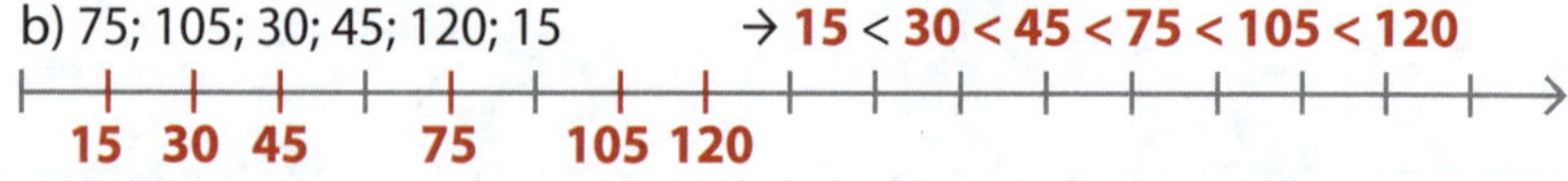

c) 450; 600; 200; 350; 550; 100 → **100** < **200** < **350** < **450** < **550** < **600**

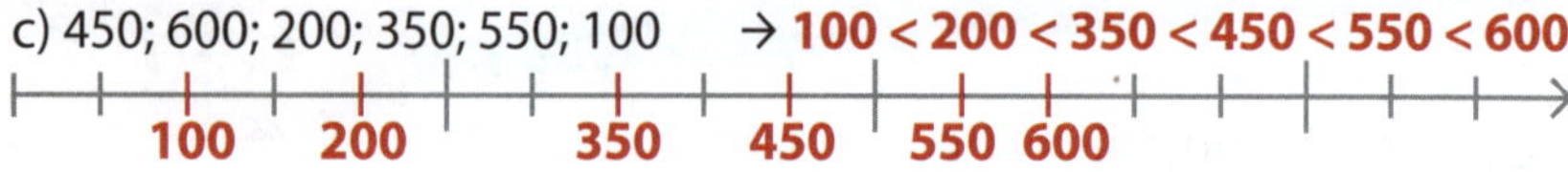

5 a) In der Klasse sind **28 Kinder** (= Lea + 27 Mitschüler). In der Tabelle sind aber nur **22 Striche** eingezeichnet. Also haben **sechs Kinder** in Leas Klasse keine Geschwister.

Anzahl der Geschwister	0	1	2	3	4
Anzahl der KInder der Klasse	卌 |	卌 卌	卌 ||	|||	||

b) 
Anzahl der KInder

10
8
6
4
2
0

Klettern
Tennis
Schwimmen
Reiten
Fußball

Klettern
Tennis
Schwimmen
Reiten
Fußball

0 2 4 6 8 10
Anzahl der KInder

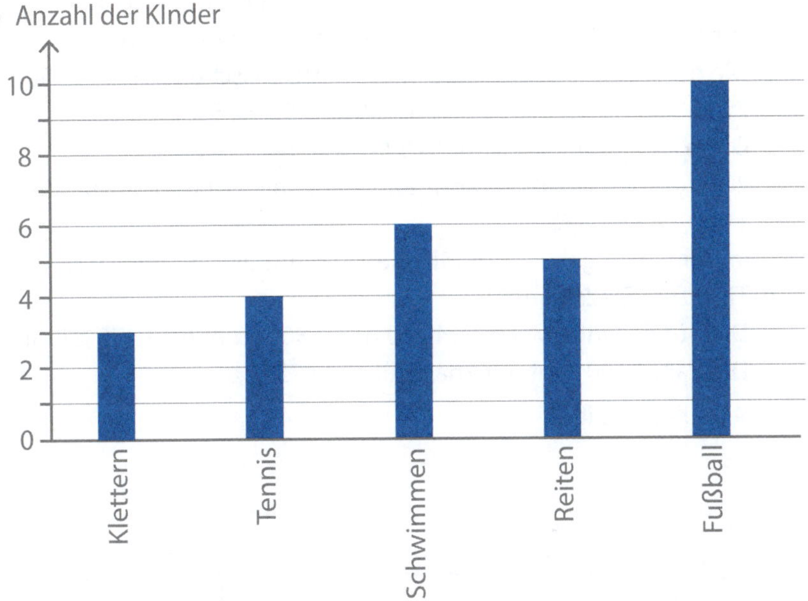

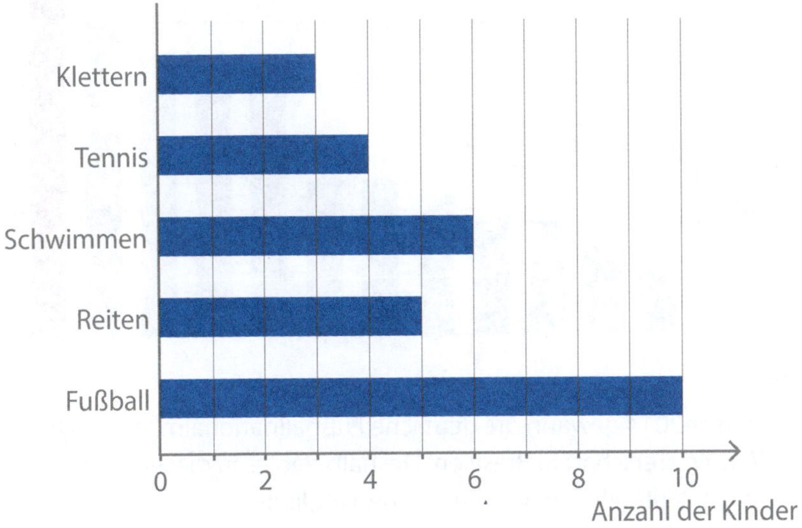

6 Lies die fehlenden Informationen im Diagramm ab.

a) 2007 gab es 250 Mitglieder; 2017 gibt es 1 250 Mitglieder.
1 250 – 250 = **1 000**
Im Vergleich zum Jahr 2007 gibt es im Jahr 2017 **1 000 Mitglieder mehr**.

b) Das Vierfache von 250 (Mitglieder im Jahr 2007) sind **1 000**, da 4 · 250 = **1 000**. 1 000 Mitglieder gibt es **im Jahr 2014**.
Im Jahr 2014 hat sich die Mitgliederzahl **vervierfacht**.

c) Die dünne Linie liegt genau in der Mitte zwischen 500 und 750:
750 – 500 = 250; 250 : 2 = 125; 500 + 125 = **625**.
Diese Linie steht somit für **625 Mitglieder**.
2013 gab es **625 Mitglieder** und 2014 gab es **1 000 Mitglieder**.
1 000 – 625 = **375**
Im Jahr 2014 gab es **375 Mitglieder mehr** als im Jahr 2013.

d) Tipp zum Einzeichnen:
Die dünne Linie zwischen 1 250 und 1 500 steht für 1 375 Mitglieder. Die Zahl 1 400 liegt nur knapp über 1 375.

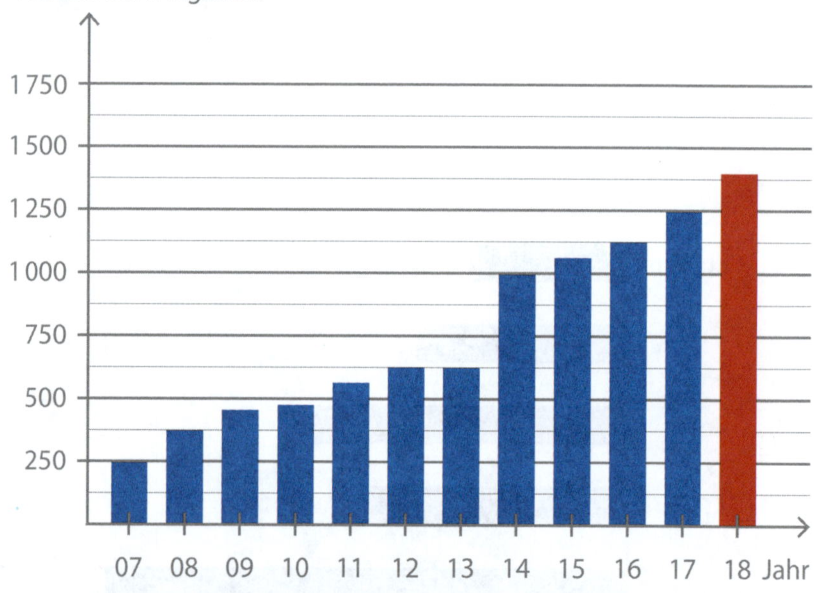

e) Im Jahr 2014 gewann die deutsche Fußballnationalmannschaft die Weltmeisterschaft in Brasilien. Deshalb gab es in diesem Jahr in einigen Fußballvereinen viele neue Mitglieder.

7 Der Balken der Klasse 5c ist **zu breit** und die Skala der Schülerzahl ist **nicht gleichmäßig** angeordnet. Richtig müsste die Skala heißen: 5 – 10 – **15** – 20 – 25 ...

8

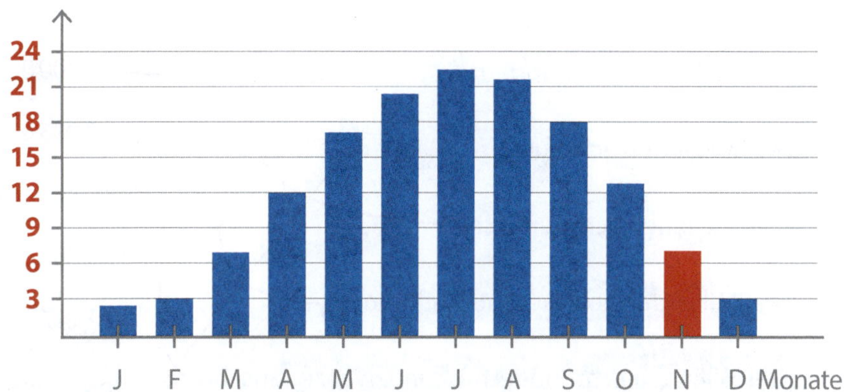

9

	Billionen			Milliarden			Millionen			Tausender					
	H	Z	E	H	Z	E	H	Z	E	H	Z	E	H	Z	E
a)									**3**	5	**7**	0	**3**	4	**1**
b)										9	**1**	9	9	**9**	**0**
c)		**4**	**2**	0	0	**0**	**4**	0	**0**	**0**	0	**3**	**0**	**1**	**7**
d)			**3**	**0**	**0**	**0**	**0**	**1**	**2**	**1**	**1**	**3**	**5**	**0**	**0**

10 einundachtzig Millionen zweihundertneunzigtausendachthundertneunzehn

vierundzwanzig Millionen vierhundertfünfundsiebzigtausendeinhundertsechsundneunzig

sieben Milliarden vierhundertsiebzig Millionen siebenhundertfünfundsechzigtausendvierhundertsechsundneunzig

11

Vorgänger	Zahl	Nachfolger
567 765 566	567 765 567	**567 765 568**
88 888 888 887	88 888 888 888	**88 888 888 889**
1 234 567 989	1 234 567 990	**1 234 567 991**
789 789 998	789 789 999	**789 790 000**

12

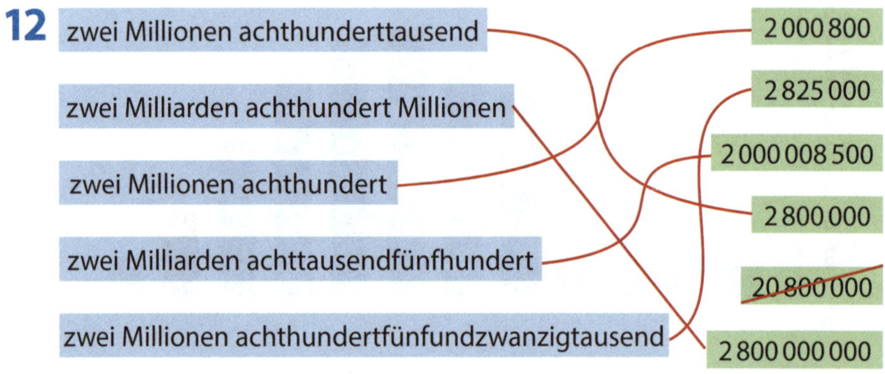

13 3 452 781 < 3 452 871 < 3 452 891 < 4 352 891 < ~~445 299~~ < 4 362 891

14 a) **8 888 888 888** c) **999 999 999 998**
b) **10 234 567** d) **555 555 501 234 678**

15 a) weltweit: **ca. 500** Deutschland: **4** (Berlin, Hamburg, München, Köln)

Stadt	Einwohnerzahl	b) Rangordnung	c) Land
New York	18 900 000	**1**	USA
Madrid	3 141 991	**4**	**Spanien**
London	8 538 689	**3**	**England**
Rom	2 684 767	**5**	**Italien**
Wien	1 840 537	**6**	**Österreich**
Istanbul	14 377 018	**2**	**Türkei**

16

7545 < < 7599	2829 < < 2900	99999 < < 100004
kleinste Zahl: **7 546**	kleinste Zahl: **2 830**	kleinste Zahl: **100 000**
größte Zahl: **7 598**	größte Zahl: **2 899**	größte Zahl: **100 003**

17 a) **287 321 287 319 321 287 321 319 319 287 319 321**

b) **287 319** < **287 321** < **319 287** < **319 321** < **321 287** < **321 319**

c) **321 319 287: dreihunderteinundzwanzig Millionen dreihundert-neunzehntausendzweihundertsiebenundachtzig**

18 kleinste Zahl:

L	1	3	7
2	0	8	5
4	6	1	9
7	5	3	**T**

Die Zahl heißt **10 613**.

größte Zahl:

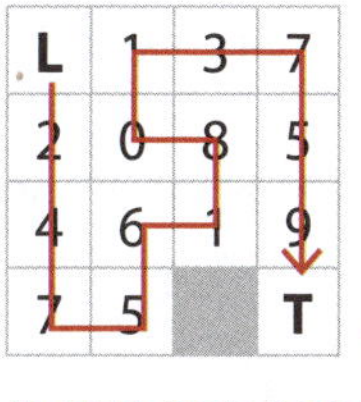

L	1	3	7
2	0	8	5
4	6	1	9
7	5		**T**

Die Zahl heißt **2 475 618 013 759**.

19 b) **10^2** c) **10^6** d) **10^0** e) **10^3** f) **10^{11}** g) **10^5** h) **10^{13}**

20

10^3 | 10^8 | tausend | 10^9 | hundert | 10^5 | zehn

eine Milliarde | 10^2 | 10^1 | hundert Millionen | hunderttausend

21

b) $13 \cdot 10^4$ = **130 000** **hundertdreißigtausend**

c) $26 \cdot 10^3$ = **26 000** **sechsundzwanzigtausend**

d) $2 \cdot 10^6$ = **2 000 000** **zwei Millionen**

e) $4 \cdot 10^0$ = **$4 \cdot 1 = 4$** **vier**

22

b) $7 \cdot 10^4 + 5 \cdot 10^2 + 4 \cdot 10^1$
$= 7 \cdot 10\,000 + 5 \cdot 100 + 4 \cdot 10$
$= 70\,000 + 500 + 40$
$=$ **70 540**

c) $9 \cdot 10^6 + 3 \cdot 10^3 + 2 \cdot 10^2$
$= 9 \cdot 1\,000\,000 + 3 \cdot 1\,000 + 2 \cdot 100$
$= 9\,000\,000 + 3\,000 + 200$
$=$ **9 003 200**

23

b) $80\,360$
$= 80\,000 + 300 + 60$
$= 8 \cdot 10\,000 + 3 \cdot 100 + 6 \cdot 10$
$=$ **$8 \cdot 10^4 + 3 \cdot 10^2 + 6 \cdot 10^1$**

c) 3 523 005
= 3 000 000 + 500 000 + 20 000 + 3 000 + 5 =
= 3 · 1 000 000 + 5 · 100 000 + 2 · 10 000 + 3 · 1 000 + 5 =
= **$3 \cdot 10^6 + 5 \cdot 10^5 + 2 \cdot 10^4 + 3 \cdot 10^3 + 5 \cdot 10^0$**

24 100 000 000 000 · 200 000 000 000 = 20 000 000 000 000 000 000 000 =
$2 \cdot 10^{22}$
Es gibt insgesamt ungefähr **$2 \cdot 10^{22}$ Sterne (= 20 Trilliarden)**.

25

Anzahl der Feldspieler beim Fußball	Entfernung zwischen zwei Städten in km	Zuschauer in einem Fußballstadion
Telefonnummer	Postleitzahlen	Schuhgröße

26

	Hunderter	Zehntausender	Hunderttausender
736 456	736500	**740 000**	**700 000**
2 546 132	**2 546 100**	**2 550 000**	**2 500 000**
34 599 899	**34 599 900**	**34 600 000**	**34 600 000**

Achtung: Wenn die **Stelle**, auf die **auf**gerundet werden soll, eine **9** ist, musst du auf die **nächsthöhere Stelle** runden.

27 b) 587 5**80**
größte Zahl: 587 5**84 (abgerundet)**
kleinste Zahl: 587 5**75 (aufgerundet)**
c) 8**10 000**
größte Zahl: 8**14 999 (abgerundet)**
kleinste Zahl: 8**05 000 (aufgerundet)**

28 (31522) (32499) 31299 32 911 (31732)

29

Land	Frankreich	Schweiz	Deutschland	Schweden	Spanien
Schokolade pro Pers./J.	6960 g	10750 g	11540 g	6300 g	3260 g
a) gerundet	**7000 g**	**11000 g**	b) **12000 g**	**6000 g**	**3000 g**

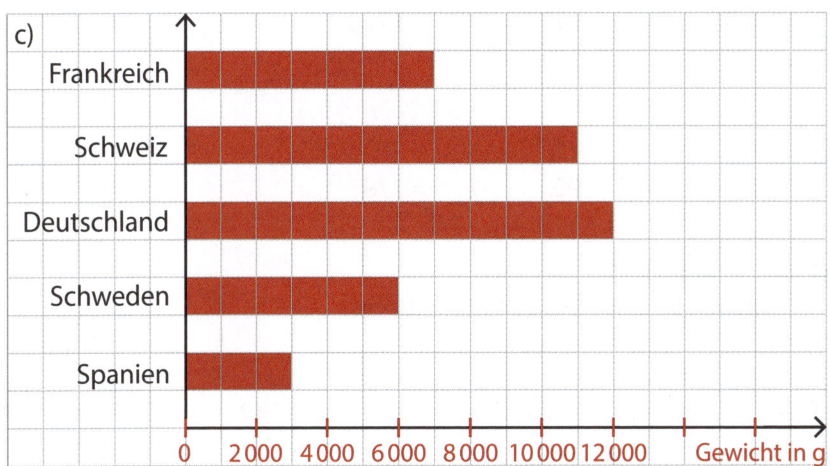

30

a) Mont Blanc ≈ **4800 m**
Matterhorn ≈ **4500 m**
Eiger ≈ **4000 m**
Piz Palü ≈ **3900 m**
Großglockner ≈ **3800 m**
Ätna ≈ **3300 m**

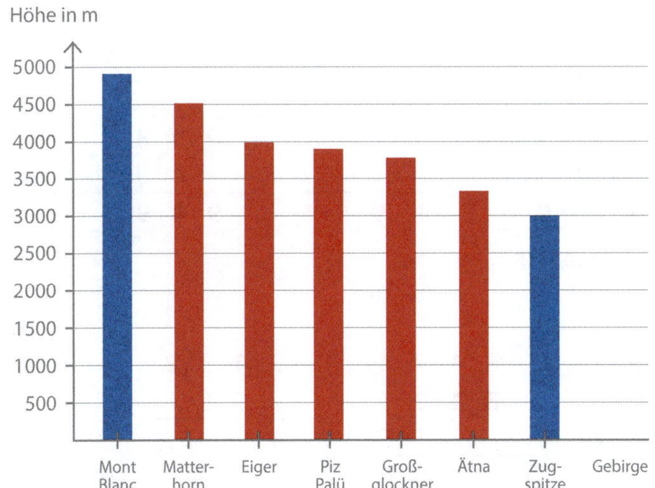

b) (X) 2964 m Nur diese Angabe wird auf H gerundet zu 3000 m.

31 a) **XXX III**
30 3
b) **C XL IV**
100 40 4
c) **DCCCXXI**
d) **MCDIX**
e) **MCMXXXIX**
f) **MMCCCI**

32 a) **125**
b) **1226**
c) **600**
d) **540**
e) **1763**
f) **994**

33

M	DCC	XC	I	= MDCCXCI
1000	700	90	1	= 1791

34 CMXIV km = **914** km
München ist von Rom **914 km** entfernt.

35

	+27		+27		+27		+27					
81		**108**		**135**		**162**		**189**		**216**		**243**
−16		−16		−16		−16						
65	+27	**92**	+27	**119**	+27	**146**		**173**		**200**		**227**
−16		−16		−16								
49	+27	**76**	+27	**103**		**130**		**157**		**184**		**211**

36

	4	0	2
		2	3
+	5	2	1
	9	**4**	**6**

	7	1	9
	1	0	9
+	1	1	7
	9	**4**	**5**

	1	1	1
	7	7	7
+		6	7
	9	**5**	**5**

	9	9	8
−		4	9
	9	**4**	**9**

1	5	1	2
−	6	6	5
	8	**4**	**7**

Lösungswort: **MATHE**

37

		6	3	**4**
+		**5**	4	8
	1	1	**8**	2

	8	4	7	4
	8	**4**	0	1
+		2	1	5
1	7	0	**9**	**0**

	7	**4**	3	**8**
−	2	5	**8**	6
	4	8	5	2

	2	2	5	7
+	**2**	8	4	2
+		**6**	2	**4**
+		9	**9**	0
	6	7	1	3

38 a) Berechne den Wert der Summe aus den Zahlen 1 862 und 981.

○ 881 ☒ 2843 (= 1 862 + 981) ○ 1765

b) Addiere zur Summe der Zahlen 612 und 34 die Zahl 56.

☒ 702 (= 612 + 34 + 56) ○ 643 ○ 590

c) Subtrahiere vom Vorgänger der Zahl 1 050 den Nachfolger der Zahl 469.

○ 597 ○ 1 489 ☒ 579 (= 1 049 – 470)

d) Subtrahiere von der Summe der Zahlen 365 und 923 die Zahl 576.

☒ 712 (= (365 + 923) – 576) ○ 721 ○ 271

e) Addiere zur zweitgrößten zweistelligen Zahl die kleinste dreistellige Zahl mit der Quersumme 3.

☒ 200 (= 98 + 102) ○ 210 ○ 199

39 a) Der Differenzwert wird **um 5 größer**.

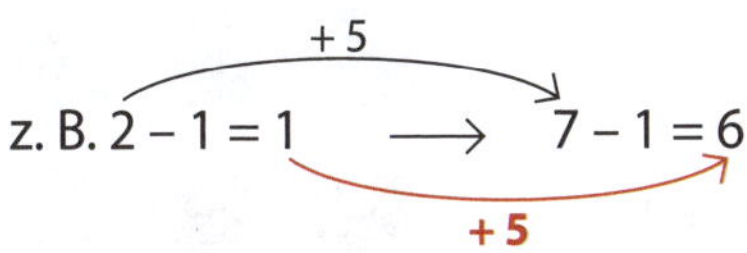

b) Der Differenzwert wird **um 4 kleiner**.

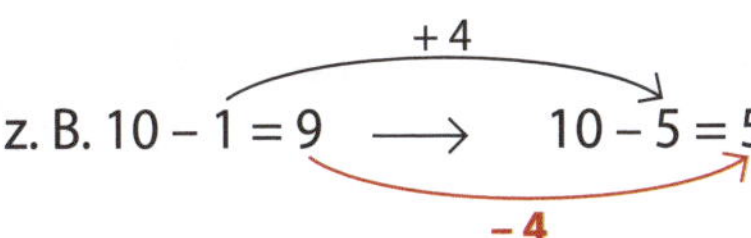

c) Der Differenzwert **bleibt gleich**.

– 2 – 2

z. B. 8 – 4 = 4 ⟶ 6 – 2 = 4

bleibt gleich

40 a) 48 747 + 67 037 + 46 000 = **161 784**

Insgesamt konnten **161 784 Zuschauer** diese drei Spiele im Stadion live verfolgen.

b) 67 037 + 67 037 + 67 037 = **201 111** ⟶ 201 111 – 161 784 = **39 327**

Es hätten **39 327 Zuschauer mehr** die Spiele live sehen können.

41 a) 15 000 (+) 10 000 < 30 000
oder:
18 000 (+) 10 000 < 30 000

(Die Summanden können auch jeweils vertauscht werden.)

b) 30 000 (–) 25 000 = 5 000
oder:
15 000 (–) 10 000 = 5 000

c) 18 000 (–) 15 000 = 3 000

42

● = **10** 10 + ■ 8 + ♥ 3 + ★ 5 = 26

■ = **8** 8 + 8 + 8 = 24

♥ = **3** 3 + 3 + 8 = 14

★ = **5** 5 + 5 + 5 = 5 · 3

43 a) 124 – (26 + 35) =
124 – 61 = 63

b) 176 + [(56 – 23) + 19] =
176 + [**33** + 19] =
176 + 52 = 228

c) [(201 – 54) + 23] – 14 =
[**147** + 23] – 14 =
170 – 14 = **156**

d) (87 – 25) – (23 + 22) =
62 – 45 = 17

e) 187 + 21 – (45 – 29) =
187 + 21 – **16** =
208 – 16 **= 192**

f) 100 + [54 + (51 – 23) + 33] =
100 + [54 + **28** + 33] =
100 + **115** = **215**

44 a) (25 + 35) – 25 = 35
oder: 25 + (35 – 25) = 35
b) 55 – (24 – 12) = 43
c) (29 + 12) + 43 = 84
oder: 29 + (12 + 43) = 84

d) (80 – 20) + 40 = 100
e) (75 – 15) – (45 – 10) = 25
f) (12 + 34) – (12 + 23) = 11
(Bei **e)** und **f)** kannst du die erste Klammer weglassen.)

Bei den Aufgaben **a)**, **c)** und **d)** brauchst du die Klammern nicht.

45

	96	
8		12
2	4	3

		540 000	
	450	1 200	
15	30	40	
5	3	10	4

46

3	6	·	5	4
	1	8	0	
		1	4	4
	1	**9**	**4**	**4**

3	3	4	·	6	2
	2	0	0	4	
			6	6	8
	2	**0**	**7**	**0**	**8**

8	9	4	·	2	4	6
	1	7	8	8		
			3	5	7	6
				5	3	6	4
	2	**1**	**9**	**9**	**2**	**4**

47

252 : 7 = **36**
21
 42
 42
  0

4428 : 9 = **492**
36
 82
 81
  18
  18
   0

1224 : 18 = **68**
108
 144
 144
   0

4114 : 34 = **121**
34
 71
 68
  34
  34
   0

48

Start 7 · 15 = **105**	14 · 7 = **98**	140 : 20 = **7**
196 : 4 = **49**	35 · 4 = **140**	98 · 2 = **196**
105 : 3 = **35**	490 : 2 = **245**	49 · 10 = **490**
7 · 18 = **126**	126 : 9 = **14**	245 Ziel

49 3 564 € : 2 = **1 782 €** (Hälfte des Geldes)
„Zu gleichen Teilen“ bedeutet, dass jedes der drei Projekte gleichviel Geld bekommt. Teile deshalb das übrige Geld durch 3.
1 782 € : 3 = **594 €**
Die Straßenkinder in Südamerika bekommen **1 782 €**. Die Schule in Südafrika, die Schule in Somalia und das Kinderdorf in Deutschland bekommen jeweils **594 €**.

50

4	2	5	0	:	1	2	5	=	**3**	**4**
3	7	5								
	5	0	0							
	5	0	0							
			0							

8	4	8	0	2	:	3	8	9	=	**2**	**1**	**8**
7	7	8										
	7	0	0									
	3	8	9									
	3	1	1	2								
	3	1	1	2								
				0								

6	2	7	2	:	2	2	4	=	**2**	**8**
4	4	8								
1	7	9	2							
1	7	9	2							
			0							

9	9	4	5	6	:	4	4	4	=	**2**	**2**	**4**
8	8	8										
1	0	6	5									
	8	8	8									
	1	7	7	6								
	1	7	7	6								
				0								

51 a) 48 · 11 = **528** c) 202 · 111 = **22 422**
b) 182 : 14 = **13** d) 350 : 25 = **14**

52 Rechne die Umkehraufgabe, so erhältst du das Ergebnis.
286 : 26 = 11
26 · **11** = 286 Der zweite Faktor ist die **Zahl 11**.

53 Rechne auch hier die Umkehraufgabe.
105 · 50 = 5 250
5 250 : 50 = 105 Der Dividend ist die **Zahl 5 250**.

54 Der Produktwert **vervierfacht sich**.

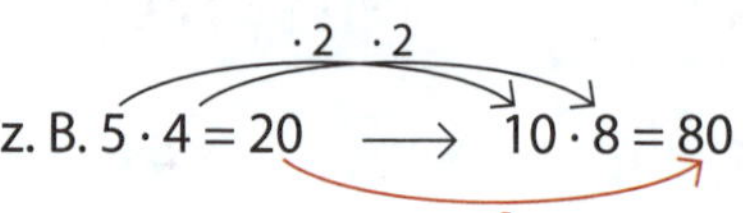

55 Beachte: Tim fährt die Strecke von 11 km **zweimal** jeden Tag. **(= 22 km)**
$198 \cdot 22$ km = **4 356 km**
Tim legt jedes Jahr **4 356 km** mit dem Bus zurück.

56 612 km : 6 = **102 km**
Der ICE legt ungefähr **102 km** in einer Stunde zurück.

57 a) 4 (vier Werbeblöcke) · 5 (5 Minuten) · 3 (3 Stunden) = **60 min**
Es werden **60 Minuten** Werbung gezeigt.
b) $4 \cdot 5$ min $\cdot\ 24$ = **480 min**; 480 min : 60 min pro h = **8 h**
Ich würde **8 h** Werbung sehen.

58 a) Überschlag: $300 \cdot 900$ = **270 000**
$250 \cdot 940$ = **235 000**
Im Buch befinden sich **ungefähr 235 000 Zeichen**.
b) 235 000 : 200 = **1 175** (Sie hätte 1 175 Minuten benötigt.)
Bedenke: 1 h hat 60 min! 1 175 min : 60 min pro h = **19 h Rest 35 min**
Sie hätte ca. **19 Stunden und 35 Minuten** benötigt.

59
a) $3 \cdot 3 \cdot 3 = \mathbf{3^3 = 27}$
b) $2 \cdot 2 \cdot 2 \cdot 2 \cdot 2 = \mathbf{2^5 = 32}$
c) $1 \cdot 1 \cdot 1 \cdot 1 \cdot 1 \cdot 1 = \mathbf{1^6 = 1}$
d) $7 \cdot 7 \cdot 7 = \mathbf{7^3 = 343}$
e) $10 \cdot 10 \cdot 10 \cdot 10 = \mathbf{10^4 = 10\,000}$
f) $12 \cdot 12 = \mathbf{12^2 = 144}$

60
a) $7^2 = \mathbf{7 \cdot 7 = 49}$
b) $4^4 = \mathbf{4 \cdot 4 \cdot 4 \cdot 4 = 256}$
c) $6^3 = \mathbf{6 \cdot 6 \cdot 6 = 216}$
d) $1^7 = \mathbf{1 \cdot 1 \cdot 1 \cdot 1 \cdot 1 \cdot 1 \cdot 1 = 1}$
e) $2016^1 = \mathbf{2016}$
f) $2^8 = \mathbf{2 \cdot 2 \cdot 2 \cdot 2 \cdot 2 \cdot 2 \cdot 2 \cdot 2 = 256}$

61

Buchstabe	E	X	P	O	N	E	N	T
✱	0	5	1	4	2	10	12	3

62

$5^2 = \mathbf{25}$	$9 = \mathbf{3^3}$	$81 = \mathbf{9^2}$	$12^2 = \mathbf{144}$	$1 = \mathbf{1^2}$
$289 = \mathbf{17^2}$	$20^2 = \mathbf{400}$	$36 = \mathbf{6^2}$	$14^2 = \mathbf{196}$	$16^2 = \mathbf{256}$
$225 = \mathbf{15^2}$	$7^2 = \mathbf{49}$	$100 = \mathbf{10^2}$	$11^2 = \mathbf{121}$	$8^2 = \mathbf{64}$

63

nach ... Stunden	1	2	3	4	5	7	9	10
Anzahl der Bakterien	**2**	**4**	**8**	**16**	**32**	**128**	**512**	**1024**
Potenzschreibweise	2^1	$\mathbf{2^2}$	$\mathbf{2^3}$	$\mathbf{2^4}$	$\mathbf{2^5}$	$\mathbf{2^7}$	$\mathbf{2^9}$	$\mathbf{2^{10}}$

Rechne so: Zu Beginn gibt es nur 1 Bakterium. Daher gibt es ...

... nach 1 Stunde die doppelte Anzahl, also 1 + 1 = **2 Bakterien** (= 2^1).

... nach 2 Stunden: 2 + 2 = **4 Bakterien** (= $\mathbf{2^2}$).

... nach 3 Stunden: 4 + 4 = **8 Bakterien** (= $\mathbf{2^3}$).

64 a)

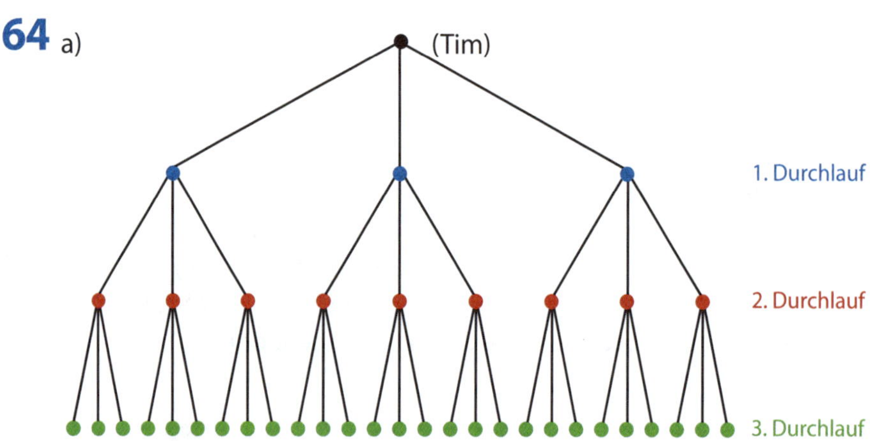

b) 5 Durchläufe: $3^5 = 3 \cdot 3 \cdot 3 \cdot 3 \cdot 3 =$ **243**

Bei fünf Durchläufen bekommen **243 Personen** eine Mail.

65

	(	2	7	+	3	6	)	:	3^2	−	6		
=			6	3				:	**3^2**	−	6		
=			**6**	**3**				**:**	**9**	−	6		
=							**7**			**−**	**6**		
=	**1**												

Klammer

Potenz

Punktrechnung

Strichrechnung

66

	2	4	0	+	8	0	:	4^2		–	1	2	0			**(Potenz)**
=	2	4	0	+	8	0	:	1	6	–	1	2	0			**(Punktrechnung)**
=	2	4	0	+			5			–	1	2	0			**(Strichrechnung von**
																links nach rechts)
=	2	4	5							–	1	2	0			
=	**1**	**2**	**5**													

67 $4 + 66 : 3 + 2 = 4 + 22 + 2 = \mathbf{28}$

$10 + 36 : (9 - 6) = 10 + 36 : 3 = 10 + 12 = \mathbf{22}$

$5 + 4 \cdot 5 + 15 = 5 + 20 + 15 = \mathbf{40}$

$25 \cdot 4 + 2 \cdot 10 = 100 + 20 = \mathbf{120}$

$2^5 - 30 + 14 \cdot 2 = 32 - 30 + 28 = \mathbf{30}$

$54 : 6 + 72 : 4 = 9 + 18 = \mathbf{27}$

$(5^2 \cdot 2 - 11 \cdot 3) \cdot 3 = (25 \cdot 2 - 33) \cdot 3 = (50 - 33) \cdot 3 = 17 \cdot 3 = \mathbf{51}$

$20 + (6 \cdot 3 - 2 \cdot 2) = 20 + 18 - 4 = \mathbf{34}$

$5 \cdot (3^2 - 3) + 15 = 5 \cdot (9 - 3) + 15 = 5 \cdot 6 + 15 = 30 + 15 = \mathbf{45}$

$12 - 3 \cdot 3 + (3^3 - 17) \cdot 4 = 12 - 9 + (27 - 17) \cdot 4 = 3 + 10 \cdot 4 = 3 + 40 = \mathbf{43}$

$(8 + 4) \cdot (5 + 15) = 12 \cdot 20 = \mathbf{240}$

$(11 + 16) : 3^2 - 3 = 27 : 9 - 3 = 3 - 3 = \mathbf{0}$

$11 - 20 : 4 + 4^2 - (2 \cdot 6 - 5 \cdot 2) = 11 - 5 + 16 - (12 - 10) = \mathbf{20}$

$[270 - (80 + 100) + 120] \cdot 3 = [270 - 180 + 120] \cdot 3 = 210 \cdot 3 = \mathbf{630}$

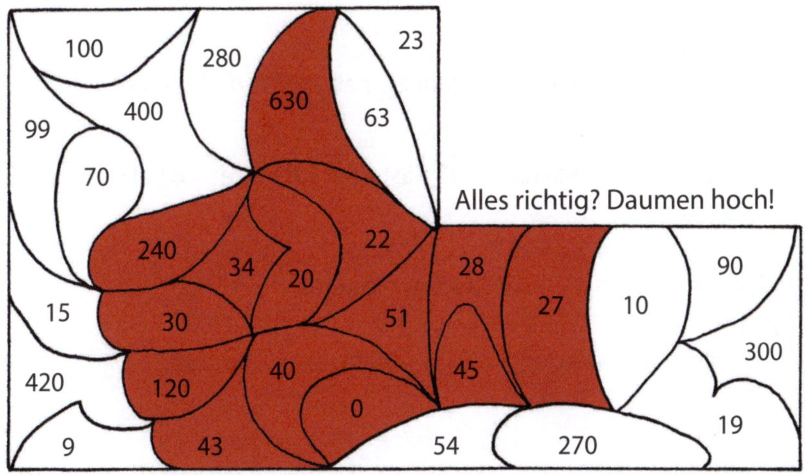

68

$$10 \cdot 4 + 3 \cdot 5$$
$$= 10 \cdot 7 \cdot 5$$
$$= 70 \cdot 5$$
$$= \mathbf{350}$$

Tim hat die „Punkt-vor-Strich“-Regel missachtet. Richtig muss es heißen:

$$\underbrace{10 \cdot 4}_{} + \underbrace{3 \cdot 5}_{}$$
$$= \underbrace{40 + 15}_{}$$
$$= \mathbf{55}$$

69

	854 – 765	23 · 2			144 : 12	865 + 1218			128 : 4	1^0	**1**
455 + 389	**8**	**4**	**4**	11^2	**1**	**2**	**1**	$2^2 - 1$	**3**	1234 – 850	283 + 489
12 · 8	**9**	**6**	70 · 6	**4**	**2**	**0**	8001 – 3764	**4**	**2**	**3**	**7**
	120 : 15	$3^2 \cdot 11$	**9**	**9**	720 : 9	**8**	**0**		54 + 33	**8**	**7**
900 – 53	**8**	**4**	**7**		18^2	**3**	**2**	**4**	14 · 3	**4**	**2**

70 a) Ein halbes Jahr hat 6 Monate. Jeden Monat zahlt er 16 € an seine Oma zurück.

6 · 16 € = **96 €** 280 € – 96 € = **184 €**

Seine restlichen Schulden betragen **184 €**.

b) Seine Schulden betragen 184 €, die er in 8 Monaten zurückzahlen will.

184 € : 8 = **23 €**

Tim muss seiner Oma in jedem Monat **23 €** zurückzahlen.

71 a) 12 Flaschen → 1 Kasten 25 Kästen → 1 Palette 8 Paletten → 1 Std 14 Stunden lang

12 · 25 · 8 · 14 = **33 600**

Täglich werden **33 600 Flaschen** abgefüllt.

b) 33 600 · 365 = **12 264 000**

In einem Jahr werden **12 264 000 Flaschen** abgefüllt.

72 b) $1799 + 587 + 1 = 1799 + 1 + 587 = 1800 + 587 =$ **2387**

c) $154 + 720 + 6 + 80 = 154 + 6 + 720 + 80 = 160 + 800 =$ **960**

d) $19 + 36 + 4 + 1 = 19 + 1 + 36 + 4 = 20 + 40 =$ **60**

e) $75 + 66 + 12 + 14 + 5 + 18 = 75 + 5 + 12 + 18 + 66 + 14$
$= 80 + 30 + 80 =$ **190**

73 b) $4 \cdot 16 \cdot 250 = 4 \cdot 250 \cdot 16 = 1000 \cdot 16 =$ **16 000**

c) $8 \cdot 3 \cdot 125 = 8 \cdot 125 \cdot 3 = 1000 \cdot 3 =$ **3 000**

d) $10 \cdot 65 \cdot 2 = 10 \cdot 2 \cdot 65 = 20 \cdot 65 =$ **1 300**

e) $50 \cdot 24 \cdot 2 = 50 \cdot 2 \cdot 24 = 100 \cdot 24 =$ **2 400**

f) $2 \cdot 622 \cdot 25 \cdot 2 = 2 \cdot 2 \cdot 25 \cdot 622 = 4 \cdot 25 \cdot 622 = 100 \cdot 622 =$ **62 200**

74

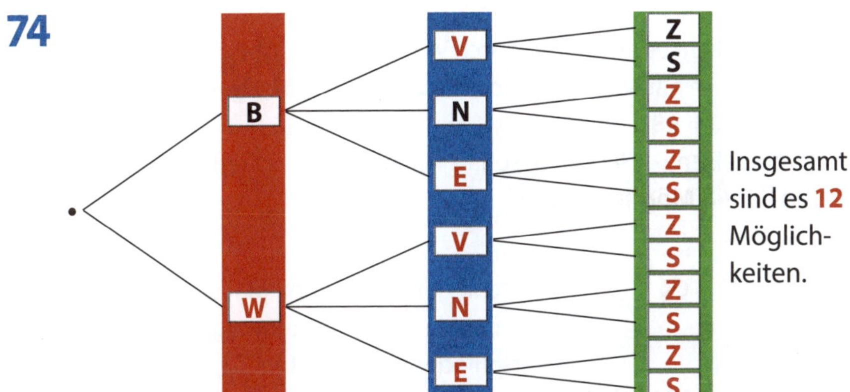

Tim hat $2 \cdot 3 \cdot 2 =$ **12 Möglichkeiten**, zwischen denen er sich für eine entscheiden kann.

75 a)

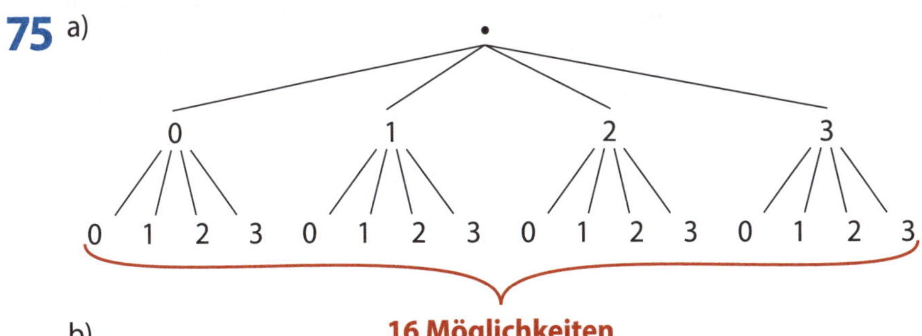

b) $4 \cdot 4 =$ **16**

Es gibt insgesamt **16 Möglichkeiten**.

76 a)

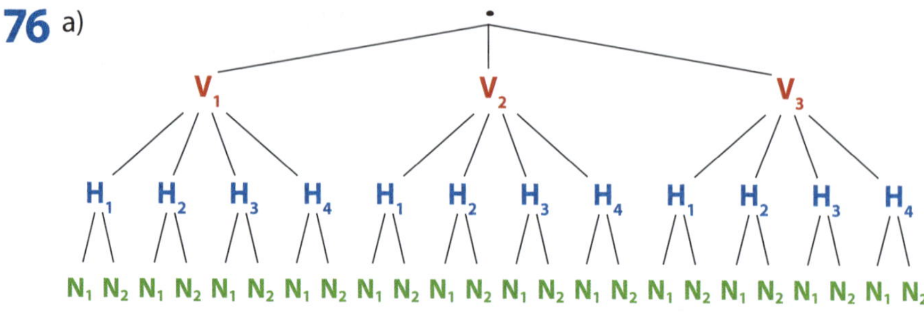

Vorspeise: $V_1 - V_2 - V_3$ **Hauptspeise** $H_1 - H_2 - H_3 - H_4$ **Nachspeise** $N_1 - N_2$

$3 \cdot 4 \cdot 2 = 24$

Es gibt **24 Menüzusammenstellungen**.

b) Die Möglichkeiten, die sie durch Vorspeise + Hauptspeise + Nachspeise hat, werden durch die **zwei Getränke verdoppelt**.

$3 \cdot 4 \cdot 2 \cdot \mathbf{2} = \mathbf{48}$

3 Vorspeisen · 4 Hauptspeisen · 2 Nachspeisen · 2 Getränke

Lea hat **48 Möglichkeiten**.

77 $4 \cdot 4 \cdot 4 = \mathbf{4^3} = \mathbf{64}$ 4 verschiedene Schokonikoläuse, 4 verschiedene Christbaumkugeln, 4 verschiedene Nusssorten

Es gibt **4^3 = 64 Möglichkeiten** die Inhalte in einem Säckchen zu kombinieren.

78 Beachte: Es gibt 2 blaue Bauklötze, die nicht unterschieden werden. So sieht z. B. der Turm r b_1 g und der Turm r b_2 g gleich aus und stellt nur eine Möglichkeit dar. Achte beim Zeichnen des Diagramms darauf, so vermeidest du Verdoppelungen.

a)

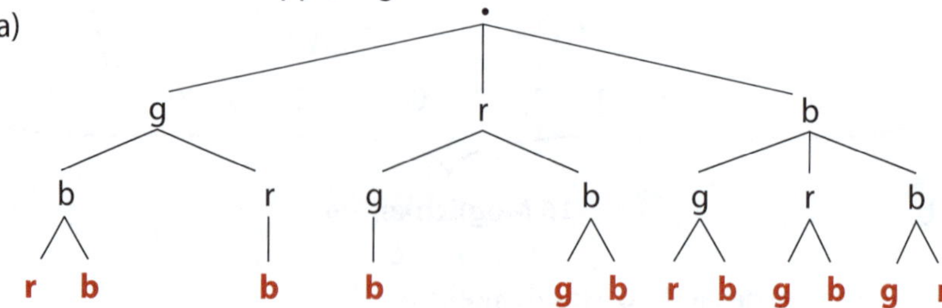

b) Er kann **12 verschiedene Türme** bauen:
bbr, bbg, brb, brg, bgb, bgr, rbb, rbg, rgb, grb, gbb, gbr.

c) 3 Türme haben in der Mitte einen roten Bauklotz: **brb**, **brg**, **grb**.

d) **6 Türme** haben verschiedene Farben: brg, bgr, rgb, rgb, grb, gbr.

79 a) Jede Karte kannst du nur einmal verwenden! $4 \cdot 3 \cdot 2 \cdot 1 =$ **24**
Es gibt **24 verschiedene Zahlen**. Sieh dir dazu das **Beispiel** an.

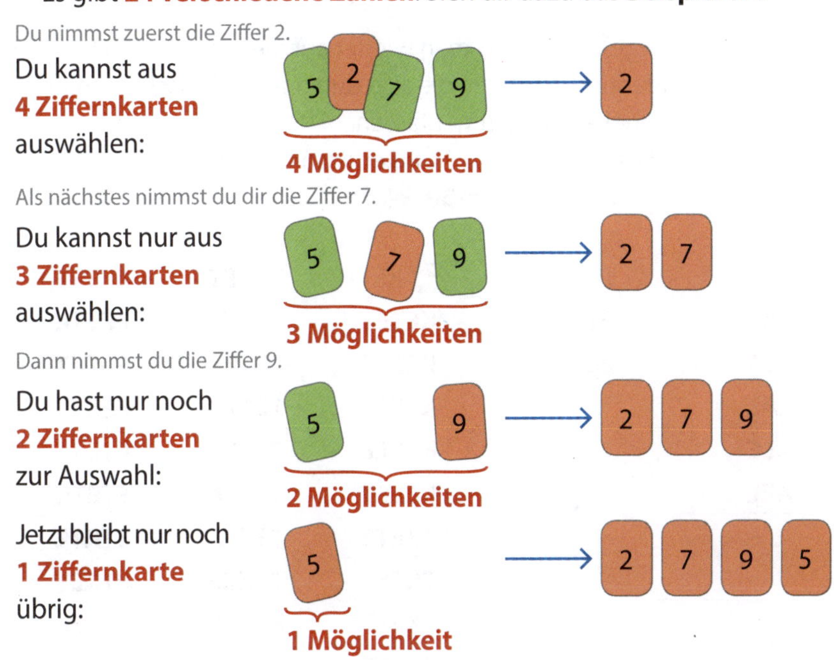

b) 5792   5972   7592   7952   9572   9752 → **6 Zahlen** sind gerade.
Nur die Ziffer 2 ist gerade und muss somit an der letzten Stelle stehen, sodass die ganze Zahl gerade ist.

80 Schreibe dir alle Zahlen in einem Baumdiagramm auf: Insgesamt sind es $5 \cdot 6 =$ **30 Möglichkeiten**. Durch 3 teilbar sind alle Zahlen, deren Quersumme durch 3 teilbar ist. Von den 30 Möglichkeiten, die es insgesamt gibt, sind dies die Zahlen:
21, **24**, **27**, **36**, **39**, **51**, **54**, **57**, **75**, **96** und **99**. Es sind **11** Zahlen.
Die Quersumme ist die Summe aller Ziffern einer Zahl,
z. B. **21**: $2 + 1 =$ **3**. 3 ist durch 3 teilbar. Siehe auch Aufg. **120** und **121**.

81 LEA 3 verschiedene Buchstaben (3 Plätze);
Es sind $3 \cdot 2 \cdot 1 = $ **6 „Wörter"**.

TEE (Tipp: Wie viele Möglichkeiten sind wegen zweimal E identisch?)
3 Buchstaben (somit 3 Plätze), 2 davon identisch
Es sind $(3 \cdot 2 \cdot 1) : 2 = $ **3 „Wörter"**, da immer 2 identisch sind, wenn man die beiden E vertauscht.

KETTE (5 Plätze): Hier muss man wieder auf die gleichen Buchstaben achten und identische Wörter, die sich durch einen Tausch der gleichen Buchstaben ergeben, zusammenfassen.
Für das E sind es immer $2 \cdot 1 = 2$ und ebenso für das T.
Es sind $(5 \cdot 4 \cdot 3 \cdot 2 \cdot 1) : (2 \cdot 2) = $ **30 „Wörter"**.

LEA
LAE
ELA
EAL
ALE
AEL

TEE
ETE
EET

KETTE	**TEKET**	**EKTTE**
KETET	**TETKE**	**EETTK**
KEETT	**TETEK**	**EETKT**
KTETE	**TEETK**	**EEKTT**
KTTEE	**TEEKT**	**ETEKT**
KTEET	**TTEEK**	**ETETK**
TKETE	**TTEKE**	**ETKTE**
TKTEE	**TTKEE**	**ETKET**
TKEET	**EKETT**	**ETTEK**
TEKTE	**EKTET**	**ETTKE**

82 a) Es sind $2 \cdot 2 \cdot 2 = 2^3 = $ **8 Möglichkeiten**.
b) KZZ, ZKZ, ZZK. Es gibt **3 Möglichkeiten**.

83 a) 72 € = **7 200 ct**
b) 4 € = **400 ct**
c) 980 € = **98 000 ct**
d) 400 ct = **4 €**
e) 6 000 ct = **60 €**
f) 29 000 ct = **290 €**

84 a) 26 € 12 ct = **26,12 €**
b) 2 € 20 ct = **2,20 €**
c) 76 € 5 ct = **76,05 €**
d) 467 € 1 ct = **467,01 €**
e) 5 € 77 ct = **5,77 €**
f) 60 ct = **0,60 €**
g) 646 ct = **6,46 €**
h) 2 € 2 ct = **2,02 €**

85 a) 7 € 12 ct + 6 € 24 ct = **13 € 36 ct**
b) = 9 897 ct – 5 423 ct = **4 474 ct** = **44 € 74 ct**
c) = 260 ct + 80 ct = **340 ct** = **3 € 40 ct**
d) = 430 ct · 4 = **1 720 ct** = **17 € 20 ct**
e) = 860 ct : 2 = **430 ct** = **4 € 30 ct**
f) = 50 164 ct + 4 323 ct = **54 487 ct** = **544,87 €**
g) = 2 500 ct – 1 305 ct = **1 195 ct** = **11 € 95 ct**

11 € 95 ct
44 € 74 ct
13 € 36 ct
4 € 30 ct
17 € 20 ct
544, 87 €
3 € 40 ct

86 Drei Tüten Himbeerbonbons kosten jeweils 1,25 € = 125 ct.
3 · 125 ct = **375 ct**
Vier Tüten saure Schlangen kosten jeweils 2,10 € = 210 ct.
4 · 210 ct = **840 ct**
Drei Tüten saure Pommes kosten jeweils 75 ct.
3 · 75 ct = **225 ct**
Alles zusammen kostet: 375 ct + 840 ct + 225 ct = **1 440 ct**
Sie zahlt mit einem 20-€-Schein: 20 € = 2 000 ct
2 000 ct – 1 440 ct = **560 ct** = **5,60 €**
Lea erhält **5,60 €** zurück.

87

Sparbuch		Geburtstag	
345 €	+	50 €	= **395 €**

9 Monate	jeweils	5 € zurück:	
9	·	5 €	= **45 €**

395 € + 45 € = **440 €**
Sein Fahrrad kostet insgesamt **440 €**.

88 Monatsrate = gleichbleibender Geldbetrag,
der jeden Monat bezahlt werden muss

Kühlschrank		zahlen sie sofort	müssen sie noch zahlen
860,90 € (86 090 ct)	–	140,90 € (14 090 ct)	= **72 000 ct (= 720 €)**

a) 72 000 ct : 10 Monate = 7 200 ct = **72 € pro Monat**
Sie müssen pro Monat **72 €** zurückzahlen.

b) 72 000 ct : 90 € (9 000 ct) pro Monat = **8 Monate**
Sie müssen **8 Monate** diese Rate bezahlen.

89 a) 9 200 g (kg) = **9,200 kg**
b) 31 754 mg (g) = **31,754 g**
c) 82 kg (g) = **82 000 g**
d) 0,035 t (kg) = **35 kg**
e) 7 t 500 kg (t) = **7,500 t**
f) 8 000 kg (t) = **8 t**
g) 4 kg (t) = **0,004 t**
h) 5 t 3 kg (kg) = **5 003 kg**

	t					kg			g			mg		
	HT	T	H	Z	E	H	Z	E	H	Z	E	H	Z	E
a)								9	2	0	0			
b)										3	1	7	5	4
c)							**8**	**2**	**0**	**0**	**0**			
d)					**0**	**0**	**3**	**5**						

90 a)

1 t = 1 000 kg	
547 kg	**453 kg**
0,800 t	**0,200 t**
9 000 g (= 9 kg)	**991 kg**

b)

3 kg = 3 000 g	
0,640 kg	**2,360 kg**
1,120 kg	**1,880 kg**
2 222 g	**778 g**

91

5 kg – 2400 g =	**5000 g – 2 400 g = 2600 g**	4,700 g
4,200 g + ... =	4 200 mg + 500 mg = **4 700 mg** = **4,700 g**	13,125 kg
15 t 750 kg : ... =	15 750 kg : 63 kg = **250**	0,180 t
	(Wenn du **kg** durch **kg** teilst, erhältst du als Ergebnis eine Zahl – **ohne** Einheit!)	
580 kg – 0,4 t =	580 kg – 400 kg = **180 kg** = **0,180 t**	53 t 539 kg
680 kg – ... =	680 kg – 1 kg = **679 kg**	2 600 g
8,2 t + ... =	8 200 kg + 300 kg + 3 kg = **8 503 kg**	10,8 kg
1,2 kg · 9 =	1 200 g · 9 = 10 800 g = **10,8 kg**	679 kg
54 t 189 kg – ... =	54 189 kg – 650 kg = **53 539 kg** = **53 t 539 kg**	250
15 · 0,875 kg =	15 · 875 g = **13 125 g** = **13,125 kg**	8503 kg

92 20 kg = **20 000 g** 1 kg 80 g = **1 080 g**
20 000 g – 460 g – 1 080 g – 4 · 430 g
= 20 000 g – 460 g – 1 080 g – 1 720 g
= **16 740 g** = **16 kg 740 g**
Tim darf noch **16 kg 740 g** mitnehmen.

Hinweis:
„je" bedeutet: jedes einzelne Buch wiegt

93 0,8 kg = 800 g Tagesportion: nachmittags 25 g + morgens 3 · 25 g = **100 g**

a) 800 g : 100 g = **8**
Das Müsli reicht **8 Tage**.

b) 30 (Tage) · 100 g = **3 000 g**
Lea muss **3 kg** Müsli einkaufen.

94
a) 120 min = **2** h
b) 2,5 h = **150** min
c) 30 min = **0,5** h
d) 578 min = **9** h **38** min
e) 7 200 s = **2** h
f) 1,5 h = **5 400** s
g) 3 d 15 h = **87** h
h) 4,25 h = **4** h **15** min

95 a) Montag: 13:10 Uhr $\xrightarrow{\text{10 h 50 min}}$ 0:00 Uhr

Dienstag: **24 h** Mittwoch: **24 h**

Donnerstag: 0:00 Uhr $\xrightarrow{\text{11 h 35 min}}$ 11:35 Uhr

10 h 50 min + 24 h + 24 h + 11 h 35 min = **70 h 25 min**

= **2 d 22 h 25 min**

Tim war insgesamt **2 Tage, 22 Stunden und 25 Minuten** unterwegs.

b) Montag: 7:15 Uhr $\xrightarrow{\text{16 h 45 min}}$ 0:00 Uhr

Dienstag: **24 h** Mittwoch: **24 h**

Donnerstag: 0:00 Uhr $\xrightarrow{\text{11 h 35 min}}$ 11:35 Uhr

16 h 45 min + 24 h + 24 h + 11 h 35 min + 25 min = **76 h 45 min**

Tim war insgesamt **76 h 45 min** von zu Hause weg.

96 4:55 Uhr (Zeit in Rio) = 9:55 Uhr (Zeit in München)

18:00 Uhr $\xrightarrow{\text{15 h 55 min}}$ 9:55 Uhr

Reisezeit insgesamt: 15 h 55 min – 3 h 10 min = **12 h 45 min**

Die **reine Flugzeit** beträgt **12 h 45 min**.

97

Abfahrt München	Fahrtdauer →	Ankunft Nürnberg	Abfahrt Nürnberg	Fahrtdauer →	Ankunft Leipzig	Abfahrt Leipzig	Fahrtdauer →	Ankunft Berlin
11:47	**1 h 10 min**	12:57	13:06	3 h 43 min	**16:49**	16:51	**1 h 14 min**	18:05

Abfahrt Würzburg	Fahrtdauer →	Ankunft Fulda	Abfahrt Fulda	Fahrtdauer →	Ankunft Celle	Abfahrt Celle	Fahrtdauer →	Ankunft Hamburg
15:29	48 min	16:17	16:18	**1 h 53 min**	18:11	18:12	1 h 34 min	**19:46**

98 a) 1 h 15 min + 50 min + 0,5 h + 45 min

= 75 min + 50 min + 30 min + 45 min = 200 min = **3 h 20 min**

☐ $\xrightarrow{\text{3 h 20 min}}$ 12:30 Uhr

Lea muss spätestens um **9:10 Uhr** losgehen.

b) 12:30 Uhr $\xrightarrow{+2\text{ h}+2\text{ h }25\text{ min}-15\text{ min}}$ **16:40 Uhr**
Lea ist um ca. **16:40 Uhr** wieder zurück am Parkplatz.

99 a) 1 358 cm = **13,58 m**
b) 45 123 mm = **45,123 m**
c) 562 dm = **56,2 m**
d) 34 678 cm = **346,78 m**
e) 99 mm = **9,9 cm**
f) 34 576 m = **34,576 km**

	km					m			dm	cm	mm
a)							1	3	5	8	
b)							**4**	**5**	**1**	**2**	**3**
c)							**5**	**6**	**2**		
d)						**3**	**4**	**6**	**7**	**8**	
e)										**9**	**9**
f)				**3**	**4**	**5**	**7**	**6**			

100 a) 2 m 30 cm = 230 cm ✓
b) 5,506 km = **5 506** m (Fehler: Die 0 wurde vergessen.)
c) 2 dm 37 cm = **57** cm (Fehler: 2 dm wurden in 200 cm umgerechnet.)
d) 9,5 km = 9 km **500** m (Fehler: 0,5 km = 500 m, nicht 50 m.)
e) 0,5 m = **5** dm (Fehler: 1 m wurde in 100 dm umgerechnet, nicht in 10 dm.)
f) 3 km 30 m 3 cm = 303 003 cm ✓

101

a)	4,020 km	4 m 20 cm	4 020 m	4,20 m	420 dm
b)	7,3 dm	703 cm	7 dm 3 cm	7 dm 30 cm	7,03 m
c)	2 km 40 m	240 cm	2,4 m	2 m 4 cm	2,040 km
d)	5,4 cm	504 cm	5 m 4 cm	540 mm	5 dm 4 cm

102 a) 18 m 60 cm : 20 cm = **1860 cm : 20 cm = 93**
b) 7 dm 5 cm · 8 = 75 cm · 8 = **600 cm** = **6 m**
c) 83,1 km : 3 = 83 100 m : 3 = **27 700 m** = **27,7 km**
d) 6 m 50 cm : 25 cm = 650 cm : 25 cm = **26**
e) 5,01 dm · 400 = 501 mm · 400 = **200 400 mm** = **2 004 dm**

103 64 m + (748 m – 645 m) = 64 m + 103 m = **167 m**
Lea ist insgesamt **167 m** aufgestiegen.

104 a)

Kiefer:	Bild:	2 cm
	Maßstab:	1 : 2 000
	Wirklichkeit:	2 cm · 2 000 = 4 000 cm = **40 m**
Mammutbaum:	Bild:	**4,8 cm**
	Wirklichkeit:	4,8 cm · 2 000 = 9 600 cm = **96 m**
Nordmanntanne:	Bild:	**2,9 cm**
	Wirklichkeit:	2,9 cm · 2 000 = 5 800 cm = **58 m**
Buche:	Bild:	**1,9 cm**
	Wirklichkeit:	1,9 cm · 2 000 = 3 800 cm = **38 m**

b)

Weihnachtsbaum:	Wirklichkeit:	2 m
	Zeichnung:	2 m : 2 000 = 200 cm : 2 000 = 2 000 mm : 2 000 = **1 mm**

Der Weihnachtsbaum wäre in der Zeichnung nur **1 mm** groß.

105 a) 1 : 360 bedeutet, dass das Flugzeug im Verhältnis 1 : 360 verkleinert wurde, also 1 cm des Modells 360 cm in der Wirklichkeit entsprechen.
b) 20 cm · 360 = **7 200 cm**   7 200 cm = **72 m**
Tims Rechnung stimmt nicht: Der Airbus A380 ist in Wirklichkeit nur **72 Meter** (und nicht 720 m!) lang.

106 b) 6 cm · 60 000 = 360 000 cm = 3 600 m = **3,6 km**
c) 6 cm · 200 = 1 200 cm = **12 m**
d) 6 cm · 7 000 = 42 000 cm = **420 m**
e) 6 cm · 700 000 = 4 200 000 cm = 42 000 m = **42 km**
f) 6 cm · 1 = 6 cm = **0,06 m**

107 a) Je größer der Maßstab, desto kleiner wird das Modell.

b) Maßstab 1:87 ⟶ Wirklichkeit: 5 cm · 87 = **435 cm**
Das Auto ist in Wirklichkeit **435 cm** lang.

c) In Wirklichkeit ist das Auto **435 cm** lang (siehe Aufgabe b)).
Im Maßstab 1:15 ⟶ 435 cm : 15 = **29 cm**
Ein Modellauto im Maßstab 1:15 wäre **29 cm** lang.

108 a) 28 cm · 20 000 = 560 000 cm 560 000 cm = 5 600 m = **5,6 km**
In Wirklichkeit wäre der Weg **5,6 km** lang.

b) 5,6 km : 40 000 =
560 000 cm : 40 000 = **14 cm**
Der Weg auf der Karte wäre **14 cm** lang, also nur halb so lang.

109 a)

Biene:	Bild:	3,6 cm = 36 mm
	Wirklichkeit:	36 mm : 3 = **12 mm** oder **1,2 cm**
Fliege:	Bild:	18 mm
	Wirklichkeit:	18 mm : 3 = **6 mm** oder **0,6 cm**
Mücke:	Bild:	4,2 cm = 42 mm
	Wirklichkeit:	42 mm : 3 = **14 mm** oder **1,4 cm**
Hornisse:	Bild:	72 mm
	Wirklichkeit:	72 mm : 3 = **24 mm** oder **2,4 cm**

110 a) 4,8 cm : 8 = 48 mm : 8 = **6 mm**
Die Ameise ist in Wirklichkeit **6 mm** lang.

b) 3,2 cm : 8 mm = 32 mm : 8 mm = **4**
Das Mikroskop hat einen **Maßstab von 4:1**.

111 a) 368 m : 8 cm = 36 800 cm : 8 cm = **4 600**
Der Fernsehturm ist im **Maßstab 1 : 4 600** dargestellt.
b) Linie im Bild = 5 cm
Linie in Wirklichkeit = 5 cm · 4 600 = **23 000 cm**
= **230 m**
Die Linie wäre in Wirklichkeit **230 m** lang.
c) 36 800 cm : 4 000 = **9,2 cm**
Bei einem Maßstab von 1 : 4 000 muss der Fernsehturm **9,2 cm hoch** dargestellt werden.

112

Karte/Modell	3,5 cm	20 m	35 dm	6 cm
Maßstab	1:20000	**5 : 1**	25 : 1	**1 : 150 000**
Wirklichkeit	**700** m	4 m	**14** cm	9 km

a) 3,5 cm = 35 mm
35 mm · 20 000 = 700 000 mm = 70 000 cm = **700 m**
b) 20 m : 4 m = 5 → **5 : 1**
c) 35 dm = 350 cm
350 cm : 25 = **14 cm**
d) 9 km = 900 000 cm
900 000 cm : 6 cm = 150 000 → **1 : 150 000**

113 a)
: 12 ↓ 12 Eier ≙ 2,40 € (240 ct) ↓ : 12
· 7 ↓ 1 Ei ≙ 20 ct ↓ · 7
7 Eier ≙ **140 ct (1,40 €)**
Lea muss **1,40 €** bezahlen.
b)
· 5 ↓ 20 ct ≙ 1 Ei ↓ · 5
· 4 ↓ 1 € ≙ 5 Eier ↓ · 4
4 € (400 ct) ≙ **20 Eier**
oder: 400 ct : 20 ct = **20**
Tim könnte sich **20 Eier** kaufen.

114
: 3 ↓ 3 Personen ≙ 19,80 € (1980 ct) ↓ : 3
· 7 ↓ 1 Person ≙ 660 ct ↓ · 7
7 Personen ≙ **4 620 ct (46,20 €)**
Tim muss insgesamt **46,20 €** bezahlen.

115

:3 ↷ 3 s ≙ 1 020 m ↶ :3
1 s ≙ 340 m
·7 ↷ 7 s ≙ **2 380 m** ↶ ·7

Das Gewitter ist noch ca. **2 380 m** weit weg.

116

(von 4 nach 1: :4; von 1 nach 5: ·5; von 1 nach 9: ·9; von 1 nach 23: ·23)

Menge Äpfel in kg	1	4	5	**9**	23
Preis in €	**2,40**	9,60	**12,00**	21,60	**55,20**

(von 9,60 nach 2,40: :4; von 2,40 nach 12,00: ·5; nach 21,60: ·9; nach 55,20: ·23)

117

:10 ↷ 1 kg (1000 g) ≙ 12 € (1200 ct) ↶ :10
100 g ≙ 120 ct
·3 ↷ 300 g ≙ 360 ct (3,60 €) ↶ ·3

(Du kannst auch auf 1 g herunterrechnen. Das ist aber nicht notwendig.)

10 € = 1000 ct   1000 ct – 360 ct = **640 ct (= 6,40 €)**

Tim bekommt **6,40 €** zurück.

118 Achtung! Natürlich können die Tiere nicht so einen langen Zeitraum mit dieser Höchstgeschwindigkeit laufen!

	1 min 30 s	5 min	1 h
Gepard	2970 m	**9 900 m**	**118, 8 km**
Elefant	990 m	**3 300 m**	**39,6 km**
Riesen-Schildkröte	9 m	**30 m**	**360 m**
Lea	**90 m**	**300 m**	**3,6 km**
	1 min 30 sec = 90 sec	**5 min = 300 sec**	**1 h = 60 min**

a) Gepard:

:9 ↷ 90 s ≙ 2 970 m ↶ :9
10 s ≙ 330 m
·30 ↷ 300 s ≙ **9 900 m** ↶ ·30
(= 5 min) = **9,9 km**

·12 ↷ 5 min ≙ 9 900 m ↶ ·12
60 min ≙ **118 800 m**

(Du kannst auch auf 1 Minute herunterrechen. Das ist aber nicht nötig.)

Die Ergebnisse für **Elefant** und **Riesen-Schildkröte** kannst du nach dem gleichen Muster berechnen.

b) Lea: 1 h = 60 min   3,6 km = 3 600 m

(: 12) 60 min ≙ 3 600 m (: 12)
5 min ≙ **300 m**

(: 30) 5 min (300 s) ≙ 300 m (: 30)
(· 9) 10 s ≙ 10 m (· 9)
90 s (1 min 30 s) ≙ **90 m**

119

(: 2) 200 Pfosten ≙ 4 min 20 s (260 s) (: 2)
(· 3) 100 Pfosten ≙ 130 s (· 3)
300 Pfosten ≙ **390 s (6 min 30 s)**

Es dauert **6 min 30 s** bis sie an 300 Pfosten vorbeigefahren sind.

120

	2 ist Teiler	3 ist Teiler	4 ist Teiler	5 ist Teiler	9 ist Teiler	10 ist Teiler
388	✗		✗			
30 000	✗	✗	✗	✗		✗
100 008	✗	✗	✗		✗	
1 425		✗		✗		

121 Hier sind jeweils alle Möglichkeiten angegeben.

a) 45**2**7; 45**5**7; 45**8**7   b) 234**0**; 234**5**   c) 7473**2**; 7473**6**

d) Eine Zahl ist durch 6 teilbar, wenn ihre **Quersumme durch 3 teilbar** (Teilbarkeit durch 3) **und** die **Zahl gerade** (Teilbarkeit durch 2) ist.
5 **040**; 5 **046**; 5 **142**; 5 **148**; 5 **244**; 5 **340**; 5 **346**; 5 **442**; 5 **448**; 5 **544**; 5 **640**; 5 **646**; 5 **742**; 5 **748**; 5 **844**; 5 **940**; 5 **946**

122 a) V(6) = {**6**, **12**, **18**, **24**, **30**, ...}   c) V(12) = {**12**, **24**, **36**, **48**, **60**, ...}
b) V(7) = {**7**, **14**, **21**, **28**, **35**, ...}   d) V(17) = {**17**, **34**, **51**, **68**, **85**, ...}

123 b) T(36) = {**1**, **2**, **3**, **4**, **6**, **9**, **12**, **18**, **36**} c) T(50) = {**1**, **2**, **5**, **10**, **25**, **50**}
d) T(100) = {**1**, **2**, **4**, **5**, **10**, **20**, **25**, **50**, **100**}

124

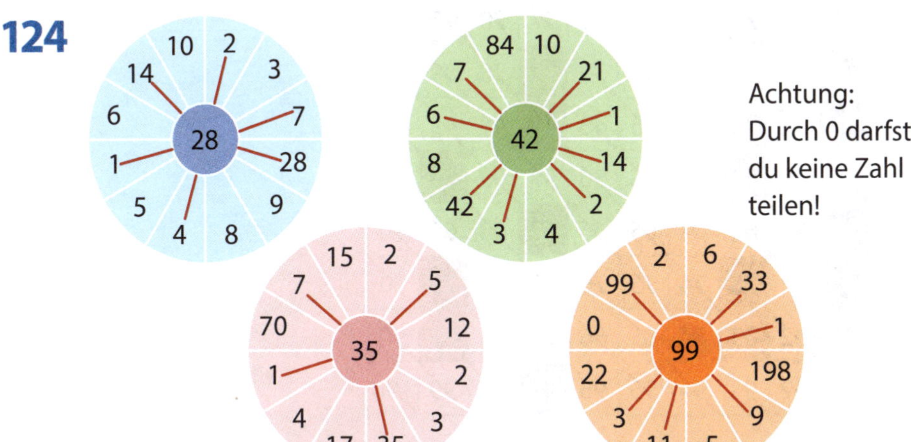

Achtung: Durch 0 darfst du keine Zahl teilen!

125 a) Tim = {4, 8, **12**, 16, 20, 24, ...} Lea = {6, **12**, 18, 24, 30, ...}
Ben = {3, 6, 9, **12**, 15, 18, ...} (12 ist das kleinste gemeinsame Vielfache.)
Sie treffen sich alle nach **12 Minuten** wieder.

b) Tim: 12 min : 4 min = **3** Lea: 12 min : 6 min = **2**
Ben: 12 min : 3 min = **4**
Tim ist **drei**, Lea **zwei** und Ben **vier Runden** gelaufen.

126 a) Man braucht hier die **Vielfachen von 6**. V(6) = {6, 12, 18, 24, 30, ...}
Man kann 6er-Kartons mit **6, 12, 18, 24 ... Flaschen** vollständig füllen.

b) Überlege: Welche Teiler hat die Zahl 135?
3 ist Teiler von 135; schreibe so: 3 | 135; 135 : 3 = **45**
9 ist Teiler von 135; schreibe so: 9 | 135; 135 : 9 = **15**
5 ist Teiler von 135; schreibe so: 5 | 135; 135 : 5 = **27**
27 ist Teiler von 135; schreibe so: 27 | 135; 135 : 27 = **5**
6 ist **nicht** Teiler von 135; schreibe so: $6 \nmid 135$
10 ist **nicht** Teiler von 135; schreibe so: $10 \nmid 135$
Tim kann **45 Kartons** mit **3 Flaschen** kaufen oder
15 Kartons mit **9 Flaschen** oder **27 Kartons** mit **5 Flaschen** oder
5 Kartons mit **27 Flaschen**.

127

~~1~~	**2**	**3**	~~4~~	**5**	~~6~~	**7**	~~8~~	~~9~~	~~10~~
11	~~12~~	**13**	~~14~~	~~15~~	~~16~~	**17**	~~18~~	**19**	~~20~~
~~21~~	~~22~~	**23**	~~24~~	~~25~~	~~26~~	~~27~~	~~28~~	**29**	~~30~~
31	~~32~~	~~33~~	~~34~~	~~35~~	~~36~~	**37**	~~38~~	~~39~~	~~40~~
41	~~42~~	**43**	~~44~~	~~45~~	~~46~~	**47**	~~48~~	~~49~~	~~50~~
~~51~~	~~52~~	**53**	~~54~~	~~55~~	~~56~~	~~57~~	~~58~~	**59**	~~60~~
61	~~62~~	~~63~~	~~64~~	~~65~~	~~66~~	**67**	~~68~~	~~69~~	~~70~~
71	~~72~~	**73**	~~74~~	~~75~~	~~76~~	~~77~~	~~78~~	**79**	~~80~~
~~81~~	~~82~~	**83**	~~84~~	~~85~~	~~86~~	~~87~~	~~88~~	**89**	~~90~~
~~91~~	~~92~~	~~93~~	~~94~~	~~95~~	~~96~~	**97**	~~98~~	~~99~~	~~100~~

128 7 23 ~~27~~ ~~1~~ 19 ~~91~~ 2 ~~51~~ 53 17

129 a) $148 = 2 \cdot 2 \cdot 37 = 2^2 \cdot 37$

$2 \cdot 74$

$2 \cdot 37$

$36 = 2 \cdot 2 \cdot 3 \cdot 3 = 2^2 \cdot 3^2$

$2 \cdot 18$

$2 \cdot 9$

$3 \cdot 3$

$200 = 2 \cdot 2 \cdot 2 \cdot 5 \cdot 5 = 2^3 \cdot 5^2$

$2 \cdot 100$

$2 \cdot 50$

$2 \cdot 25$

$5 \cdot 5$

$195 = 3 \cdot 5 \cdot 13$

$3 \cdot 65$

$5 \cdot 13$

b) $726 = 2 \cdot 363 = 2 \cdot 3 \cdot 121 = 2 \cdot 3 \cdot 11 \cdot 11 = 2 \cdot 3 \cdot 11^2$

$4\,158 = 2 \cdot 2\,079 = 2 \cdot 3 \cdot 693 = 2 \cdot 3 \cdot 3 \cdot 231 = 2 \cdot 3 \cdot 3 \cdot 3 \cdot 77$
$= 2 \cdot 3 \cdot 3 \cdot 3 \cdot 7 \cdot 11 = 2 \cdot 3^3 \cdot 7 \cdot 11$

130 Es sind verschiedene Lösungen möglich. Die sinnvollsten sind verbunden.

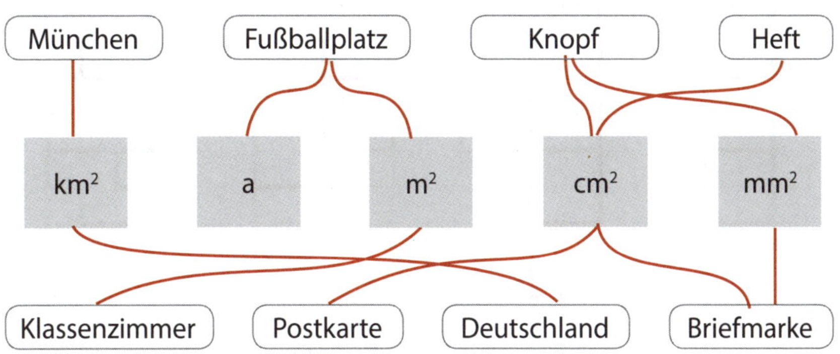

131
a) 800 ha = **8 km²**
b) 6500 m² = **65 a**
c) 2000 mm² = **20 cm²**
d) 7364000 a = **73 640 ha**
e) 630000 dm² = **6 300 m²**
 f) 650 cm² = **6,50 dm²**

132
a) 4 m² = **400 dm²**
b) 26 cm² = **2 600 mm²**
c) 860 ha = **86 000 a**
d) 24000 a = **2 400 000 m²**
e) 12,56 km² = **1 256 ha**
f) 833,2 dm² = **83 320 cm²**

133
a) 280 m² (a) = **2,80 a**
b) 17,20 km² (ha) = **1 720 ha**
c) 16356 dm² (a) = **1,6356 a**
d) 5 m² (mm²) = **5 000 000 mm²**
e) 4 a (ha) = **0,04 ha**
f) 345 m² (ha) = **0,0345 ha**
g) 123,7 ha (km²) = **1,237 km²**
h) 2 mm² (ha) = **0,0000000002 ha**

	km²			ha		a		m²		dm²		cm²		mm²	
	H	Z	E	Z	E	Z	E	Z	E	Z	E	Z	E	Z	E
a)							2	8	0						
b)		1	7	2	0										
c)							**1**	**6**	**3**	**5**	**6**				
d)									**5**	**0**	**0**	**0**	**0**	**0**	**0**
e)					**0**	**0**	**4**								
f)					**0**	**0**	**3**	**4**	**5**						

134

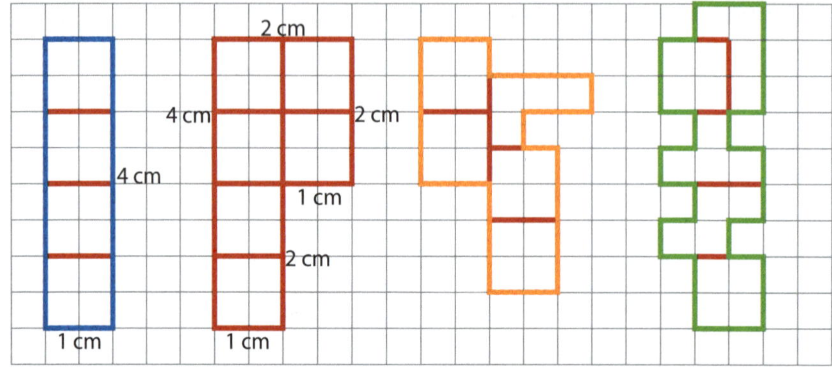

u = **10 cm**
A = 16 Kästchen
≙ **4 cm²**
oder:
1 cm · 4 cm
= **4 cm²**

u = **12 cm**
A = 24 Kästchen
≙ **6 cm²**

u = **13 cm**
A = **5 cm²**

u = **16 cm**
A = **5 cm²**

→ Bedenke: 4 Kästchen ≙ 1 cm²

135 Hier siehst du drei Beispiele.

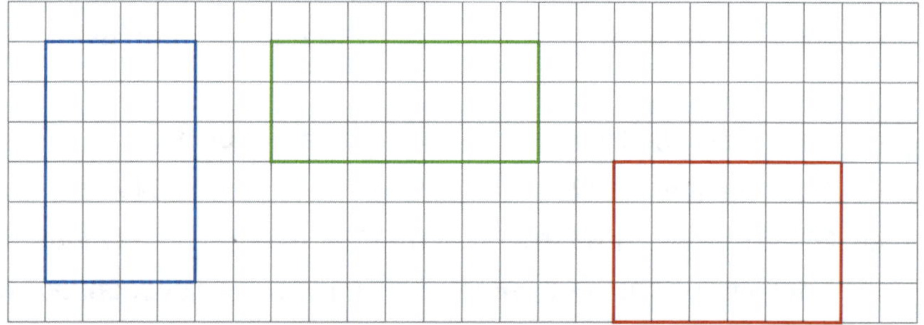

136 a) Wohnung 1
Breite: 3,80 m + 3,20 m = 7 m
Länge: 3 m + 3 m + 3 m = 9 m
A = 7 m · 9 m = **63 m²**

Wohnung 2

Die Wohnung muss in zwei Rechtecke aufgeteilt werden, da man sonst den Flächeninhalt nicht berechnen kann:

1. Rechteck:

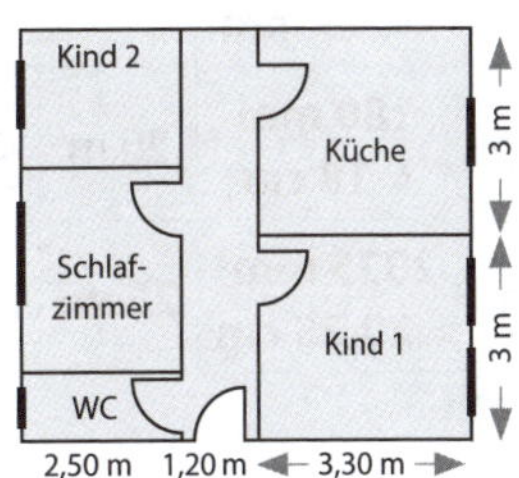

2. Rechteck:

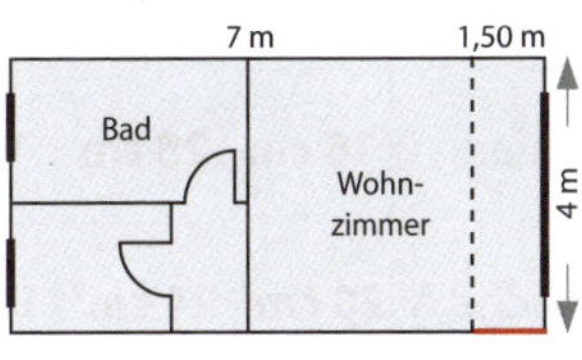

Breite: 2,50 m + 1,20 m + 3,30 m = 7 m

Länge: 3 m + 3 m = 6 m

A = 7 m · 6 m = **42 m²**

Breite: 7 m + 1,50 m = 8,50 m

Länge: 4 m

A = 8,50 m · 4 m = **34 m²**

Wohnung 2 insgesamt:

42 m² + 34 m² = **76 m²** 76 m² **>** 63 m²

Die **Wohnung 2** ist größer.

b) Bad: A = 3,20 m · 3 m = **9,60 m²**

Die Grundfläche des Bads beträgt **9,60 m²**.

Küche und Wohnzimmer:

A = 3 m · (3,80 m+ 3,20 m – 2,80 m) = 3 m · 4,20 m = **12,6 m²**

Die Wohnfläche der Küche und des Wohnzimmers beträgt **12,6 m²**.

c) 63 m² · 9,30 € = **585,90 €**

Die Kaltmiete beträgt **585,90 €**.

d) Kind 1: 3,30 m · 3 m = **9,90 m²**

Kind 2: 3,90 m · 2,50 m = **9,75 m²**

9,90 m² + 9,75 m² = **19,65 m²**

Man braucht insgesamt **19,65 m²** Parkettboden.

137 a) ... eine Seitenlänge verdoppelt, und die andere gleich lässt: Der Flächeninhalt **verdoppelt sich**.

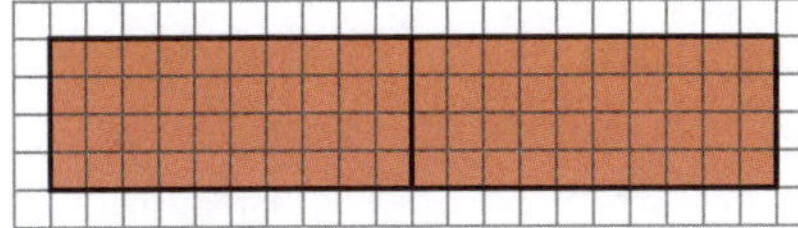

b) ... beide Seitenlängen halbiert: Der Flächeninhalt ist nur noch **ein Viertel** vom ursprünglichen Flächeninhalt.

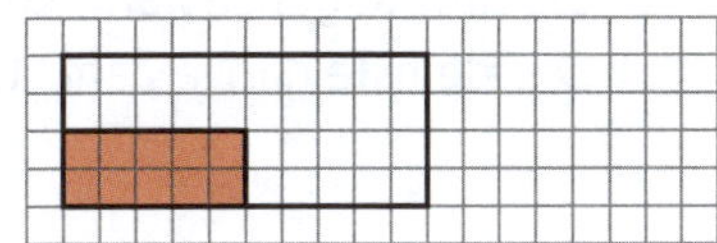

138

Figur	Rechteck					Quadrat		
Länge a	4 cm	2 cm	**3 dm**	10 cm	**6 m**	4,5 cm	**5 m**	**10 dm**
Breite b	5 cm	12 cm	6 dm	2 dm = 20 cm	**2 m**	**4,5 cm = 45 mm**	**5 m**	**10 dm**
Umfang u	**18 cm**	**28 cm**	18 dm	**60 cm**	16 m	**180 mm = 18 cm**	20 m	**40 dm**
Fläche A	**20 cm²**	**24 cm²**	**18 dm²**	**200 cm²**	12 m²	**2025 mm² = 20,25 cm²**	**25 m²**	100 dm²

139 a) $A = 230\ m \cdot 230\ m = 52\,900\ m^2$ = **5,29 ha**
Die Grundfläche beträgt **5,29 ha**.
b) $A_{Fußballfeld} = 110\ m \cdot 75\ m$ = **8 250 m²**
$52\,900\ m^2 : 8\,250\ m^2$ = **6 Rest 3 400 m²**
6 ganze Fußballfelder passen auf die Grundfläche der Pyramide.

140 a) 26 m³ **= 26000 cm³** c) 15 cm³ = **15 000 mm³** e) 77 dm³ = **77 000 cm³**
b) 7 m³ = **7 000 dm³** d) 100 dm³ = **100 000 cm³** f) 50 cm³ = **50 000 mm³**

141 a) 3 hl = **300 l** c) 55000 ml = **55 l** e) 1200 cl = **12 l**
b) 23 hl = **2 300 l** d) 20000 cm³ = **20 l** f) 52 cl = **0,52 l**

142

Mülltonne	Wasserflasche	Sandkasten	Würfelzucker	Schwimmbecken
80 l	**1,5 l**	**600 dm³**	**2800 mm³**	**450 m³**

143 **–4** °C **8** °C **2** °C **–6** °C

144 a) Die kleinste, positive ganze Zahl? **1**
b) Die größte, negative ganze Zahl? **– 1**
c) Die größte ganze Zahl? **Gibt es nicht!**
d) Die kleinste ganze Zahl? **Gibt es nicht!**

145

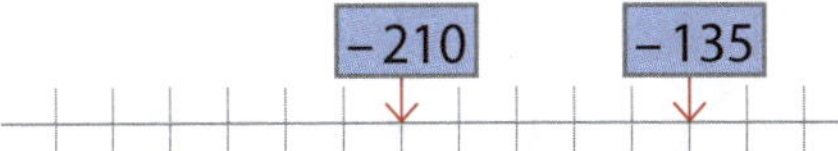

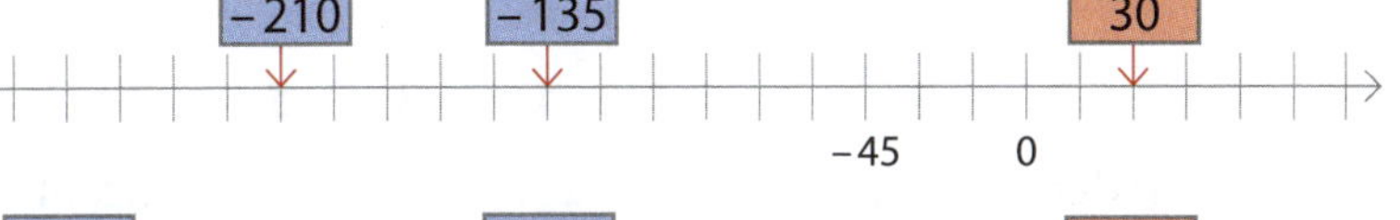

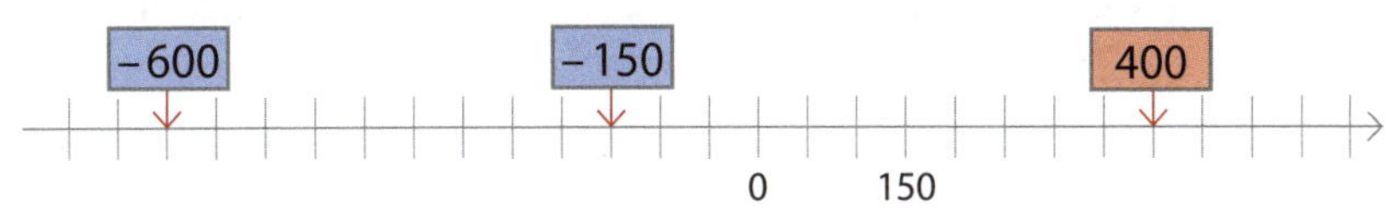

146

a) –3 | **–1** | 1

b) –25 | **–15** | –5

c) –84 | **5** | **94**

d) –17 | **10** | **37**

e) **–490** | **–140** | +210

f) –112 | **–104** | –96

147 a) um genau 2 Einheiten von der Zahl – 11 entfernt? **– 13; – 9**

b) um höchstens 2 Einheiten von der Zahl – 1 entfernt? **– 3; – 2; 0; 1**

c) von der Zahl – 25 um mindestens 20 Einheiten entfernt? **Alle ganzen Zahlen, die kleiner als – 45 oder größer als – 5 sind und die Zahlen – 45 und – 5: ... – 49; – 48; – 47; – 46; – 45; – 5; – 4; – 3; – 2 ...**

148 – 2 ⟶ 2 (– 1; 0; 1; 2) Rechne: – 2 + **4** = 2

Tim muss **4 Stockwerke nach oben** fahren.

149 Denke dir folgenden Weg (= Rückwärtsstrategie):

Beginne am Ende (**Ausgang**) und rechne alle Fahrtwege in entgegengesetzter Richtung: aus Aufwärtsfahrten werden Abwärtsfahrten und umgekehrt, bzw. **aus + wird –** und **aus – wird +**.

0 + 6 = 6 6 + 3 = 9 9 – 11 = – 2 – 2 + 7 = **5**

oder: ? – 7 + 11 – 3 – 6 = 0 ⟶ **?** – 16 + 11 = 0 ⟶ **?** – 5 = 0 ⟶ **?** = 5

Leas Handy ist im **5. Stockwerk**.

150 $|+3| = \mathbf{3}$ $|-19| = \mathbf{19}$ $|18| = \mathbf{18}$ $|-45| = \mathbf{45}$
$|-5| = \mathbf{5}$ $|0| = \mathbf{0}$ $|-18| = \mathbf{18}$ $|+2\,937| = \mathbf{2\,937}$

151 a)

b) Genau in der Mitte zwischen einer Zahl und ihrer Gegenzahl liegt immer die **Zahl Null**.

152 a) $-7-(+8) = \mathbf{-15}$
b) $(-8)+(+27) = \mathbf{+19}$
c) $(+48)+(-36) = \mathbf{12}$
d) $(-111)-(+45) = \mathbf{-156}$

153 a) 8 und 5 ⟶ **3** b) –3 und –10 ⟶ **7** c) 12 und –8 ⟶ **20**

154 a) $(-38)-(\mathbf{-38}) = 0$ b) $(\mathbf{-15})+(+12) = -3$ c) $(+26)-(\mathbf{+52}) = -26$

155

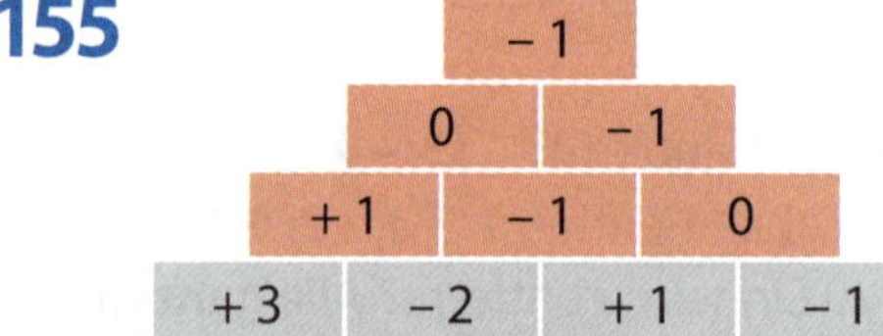

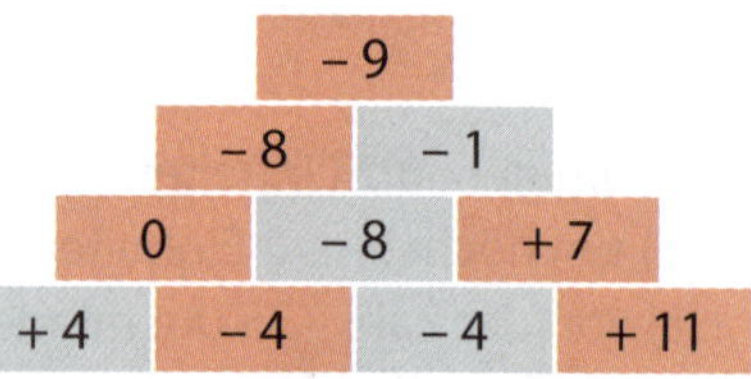

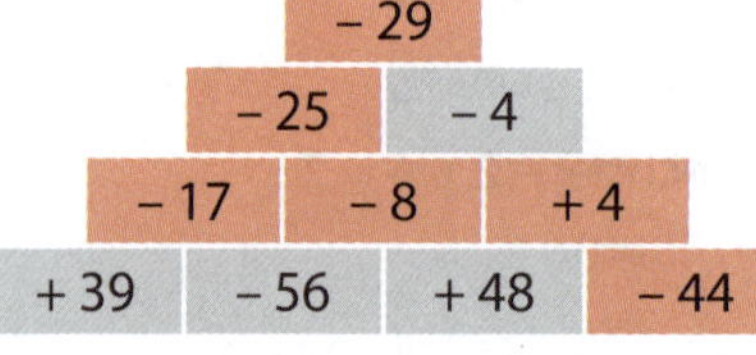

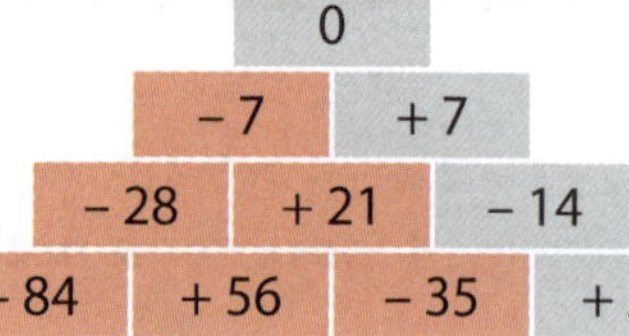

156 a) **Richtig**, da Zahl und Gegenzahl den gleichen Betrag, aber unterschiedliches Vorzeichen haben, z. B. $-3+3=0$.
b) **Falsch**, denn $(+3)-(-3) = +6$.
c) **Richtig**, denn man startet im Negativen, schaut nach rechts, aber geht rückwärts, also weiter in Richtung der kleineren negativen Zahlen, z. B. $-3+(-3) = -6$ (siehe Merkkasten vor Aufgabe **152**).

d) **Falsch**, denn $5 + (-3) = 2$.
e) **Falsch**, denn $(+3) + (-4) = \mathbf{-1}$ und $(+3) - (-4) = \mathbf{+7}$; aber $+7 > -1$.

157 a) $(-5) + (-5) = -5 - 5 = \mathbf{-10}$
b) $(-986) - (+256) = -986 - 256 = \mathbf{-1\,242}$
c) $(+45) - (-38) + (-27) = 45 + 38 - 27 = \mathbf{56}$

158 a) $45 + 16 - 15 + 24 = 45 - 15 + (16 + 24) = 30 + 40 = \mathbf{70}$
oder: $45 + (16 - 15) + 24 = 45 + 1 + 24 = 46 + 24 = \mathbf{70}$
b) $(74 - 45 + 90) - (-18) - 8 = 74 - 45 + 90 + 18 - 8$
$= 74 + (90 - 45) + (18 - 8) = 74 + 45 + 10 = 74 + 55 = \mathbf{129}$

159 a) Maximale Punktzahl: $10 + 10 + 10 = \mathbf{30}$
Minimale Punktzahl: $-2 + (-2) + (-2) = \mathbf{-6}$
b) Leas Möglichkeiten:
$\mathbf{5 + 2 + (-1)} = 6$ $\mathbf{2 + 2 + 2} = 6$ $\mathbf{10 + (-2) + (-2)} = 6$
c)

1. Wurf		2. Wurf		3. Wurf		Leas Summe	
2	+	(−1)	+	□	>	6	
2	+	(−1)	+	**10**	>	6	11 > 6

Nur wenn er **10 Punkte** wirft, kann er Lea schlagen. (Wirft er nur 5 Punkte, hat er insgesamt 6 Punkte wie Lea und schlägt sie somit nicht.)

160 a) $[18 - (-18)] + 65 = 18 + 18 + 65 = \mathbf{101}$
b) $[346 - (-24)] - [38 + (-38)] = [346 + 24] - [38 - 38] = \mathbf{370}$
c) $\mathbf{?} + (-15) = 25 \longrightarrow \mathbf{? = 40}$

161 Geld in Leas Geldbeutel: 8,00 € } Gesamtausgaben:
Schulden bei Lena: 7,50 € } 8,00 € + 7,50 € = **15,50 €**
Kosten für die Getränke: 2,50 € + 2,50 € = **5,00 €**
Leas Kosten für die Bowlingbahn: 15,50 € − 5,00 € = **10,50 €**
Leas Beitrag zur Bowlingbahn betrug **10,50 €**.

162

Urlaubstag	Mo	Di	Mi	Do	Fr	Sa
Temperatur in °C	5	−3	−10	4	0	−8

14 °C   4 °C

a) max. Unterschied: **14 °C** (Mi ⟶ Do);
min. Unterschied: **4 °C** (Do ⟶ Fr)

b) max. Unterschied: **15 °C** (von −10 °C auf +5 °C)

c) Höhenunterschied von der Bergstation zur Messstation von Tim sind 1 500 m = **3** · 500 m.
Die Temperatur **verringert** sich also um ca. 3 · 3 °C = **9 °C**.
kälteste Temperatur: −10 °C − 9 °C = **−19 °C**

163

a) $(-8) \cdot (+5) =$ **−40**
b) $(-11) \cdot (-5) =$ **55**
c) $(-3+7) \cdot (+13) =$ **52**
d) $(-80) \cdot (-20) =$ **1 600**
e) $(-6)^2 =$ **36**
f) $-6^2 =$ **−36**

164

a) $(-435) \cdot (\mathbf{0}) = 0$
b) $(\mathbf{-4}) \cdot (+3) = -12$
c) $(-75) \cdot (\mathbf{-1}) = +75$
d) $(\mathbf{-3}) \cdot (-15) = 45$
e) $(-1)^8 \cdot (-5^2) \cdot (\mathbf{-2})^3 = 200$
f) $(-3)^2 \cdot (\mathbf{-9}) = -81$
g) $[(-5) \cdot (-5)]^0 \cdot (\mathbf{1}) = 1$
h) $(\mathbf{-3})^3 \cdot (-1) = 27$

165 Löse durch Probieren!

−2 · **−2** = **4**   **4** − **2** = **2**

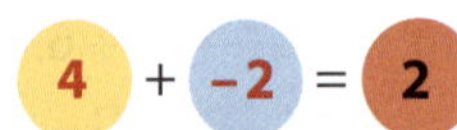

166

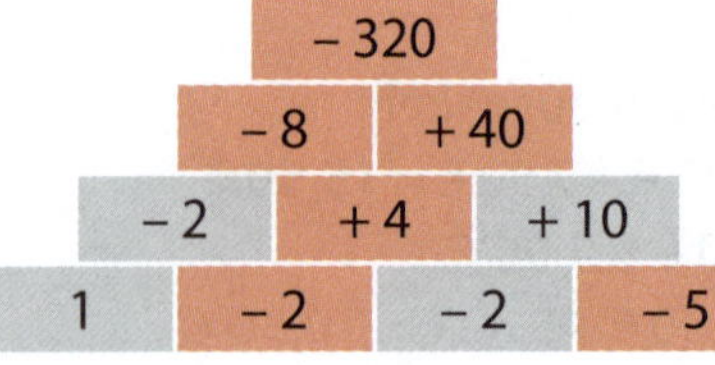

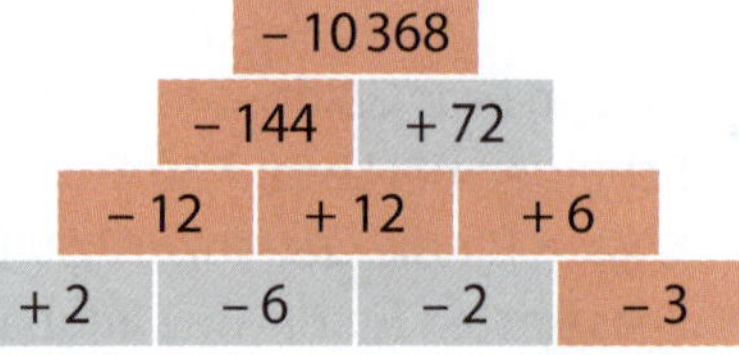

167 a) **Falsch**, da die Multiplikation mit (– 1) eine Zahl in ihre Gegenzahl verwandelt: $a \cdot (-1) = -a$; a und –a sind Gegenzahlen.

b) **Richtig**, denn jede natürliche Zahl ist eine positive Zahl und das Produkt zweier positiver Zahlen ist wieder positiv.

c) **Falsch**! Ist nämlich der zweite Faktor auch negativ, so ist das Produkt positiv.

d) **Falsch**, denn z. B. $(-1)^2 = (-1) \cdot (-1) = 1$ ist positiv.

e) **Falsch**, da z. B. $4 \cdot 0 = 0$ Dieses Produkt ist kleiner als der 1. Faktor. Somit gilt die Aussage nicht.

f) **Richtig**! Ist mindestens einer der Faktoren 0, so hat das Produkt den Wert 0.

168 a) $(-80) \cdot (-90) = \mathbf{7\,200}$

b) $5 \cdot (-90) = \mathbf{-450}$

c) $(-80) \cdot (-90) \cdot 5 = \mathbf{36\,000}$

169 a) $(-8) : (+8) = \mathbf{-1}$

b) $(-21) : (-7) = \mathbf{3}$

c) $(-0) : (+1\,024) = \mathbf{0}$

d) **Division durch 0 geht nicht!**

e) $(4\,800) : [(-40) \cdot (-3)] = \mathbf{40}$

f) $(-256) : [(-2)^4] = \mathbf{-16}$

170 a) $(-18) : (6 : 2)$
$= (-18) : 3 = \mathbf{-6}$

b) $(-38 + 38) \cdot 5$
$= 0 \cdot 5 = \mathbf{0}$

171 Durchschnittsberechnung:
Addiere alle einzelnen Temperaturangaben, also 8 + (– 2) + ... und teile sie durch die Anzahl aller Tage, also 7.
$[8 + (-2) + (-6) + 5 + (-4) + (-8) + 0] : 7 = \mathbf{-1}$
Die durchschnittliche Temperatur beträgt **– 1 °C**.

172 a) $\{-14 + 125 - 3 \cdot [54 + (-37)]\} : 4 - (-37 + 45)$
$= \{-14 + 125 - 3 \cdot [54 - 37]\} : 4 - (-37 + 45)$
$= \{-14 + 125 - 3 \cdot 17\} : 4 - 8$
$= \{-14 + 125 - 51\} : 4 - 8$
$= 60 : 4 - 8$
$= 15 - 8 = \mathbf{7}$

b) $5 \cdot [2 - (845 - 943) + 25] + (598 - 1\,756)$
$= 5 \cdot [2 - (-98) + 25] + (-1\,158)$
$= 5 \cdot [2 + 98 + 25] - 1\,158$
$= 5 \cdot 125 - 1\,158$
$= 625 - 1\,158$
$=$ **−533**

173 b) −1, −3, −5, −7, −9, −11, **−13**, **−15** Regel: **immer −2**

c) −5, +25, −125, **+625**, **−3 125** Regel: **immer · (−5)**

174 a) Temperaturunterschied, der erreicht werden muss:
22 °C − (−18 °C) = 22 °C + 18 °C = **40 °C**
40 °C : 5 h = **8 °C/h**
Die durchschnittliche Zunahme beträgt **8 °C pro Stunde**.

b) In den ersten **4 Stunden** nimmt die Temperatur um 4 · 6 °C = 24 °C ab. Sie beträgt dann 22 °C − 24 °C = −2 °C.
Es bleibt ein Temperaturunterschied von 16 °C. Bei einer Abkühlung von 4 °C/h dauert der Vorgang noch 16 °C : 4 °C/h = **4 Stunden**.
Insgesamt dauert der Vorgang also 4 h + 4 h = **8 h**.

175 Es sind nur 3 Personen: Oma, Mutter, Tochter.

Mutter von →

Mutter von →
← Tochter von

← Tochter von

97 Ergänze die beiden Fahrpläne:

Abfahrt München	Fahrt-dauer →	Ankunft Nürnberg	Abfahrt Nürnberg	Fahrt-dauer →	Ankunft Leipzig	Abfahrt Leipzig	Fahrt-dauer →	Ankunft Berlin
11:47		12:57	13:06	3 h 43 min		16:51		18:05

Abfahrt Würzburg	Fahrt-dauer →	Ankunft Fulda	Abfahrt Fulda	Fahrt-dauer →	Ankunft Celle	Abfahrt Celle	Fahrt-dauer →	Ankunft Hamburg
	48 min	16:17	16:18		18:11	18:12	1 h 34 min	

98 Lea geht am Wochenende wandern und liest am Parkplatz folgendes Schild:

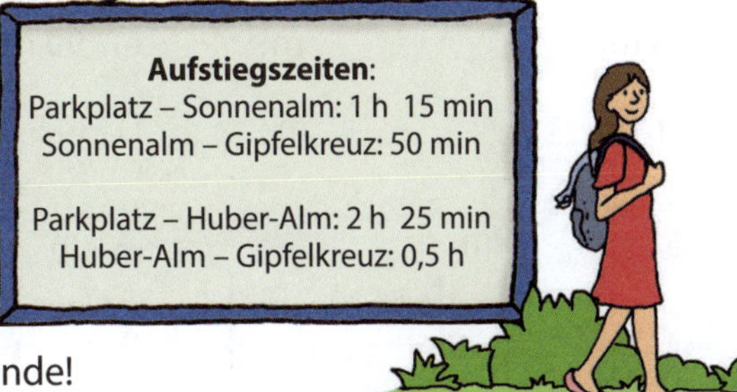

Tipp: 0,5 h = halbe Stunde!

Sie plant vom Parkplatz aus über die Sonnenalm zum Gipfel aufzusteigen und den Rückweg über die Huber-Alm zurück zum Parkplatz zu nehmen. Um 12:30 Uhr möchte sie ihren Bruder Tim auf der Huber-Alm zum Mittagessen treffen.

a) Wann muss sie spätestens losgehen, wenn sie auf dem Weg bis zur Huber-Alm insgesamt 45 min Pause macht und sie für den Weg vom Gipfel hinunter bis zur Alm die Aufstiegszeit rechnet?

b) Um wie viel Uhr ist Lea wieder zurück am Parkplatz, wenn man für den Abstieg von der Huber-Alm bis zum Parkplatz insgesamt 15 min von der angegebenen Aufstiegszeit abziehen kann und sie mit Tim 2 h auf der Huber-Alm verbringt?

Längen

Für das Umrechnen von **Längen** ist der **Umrechnungsfaktor 10** mit einer Ausnahme:

1 km (Kilometer)	= **1 000 m**	⟷	1 m	= **0,001 km**
1 m (Meter)	= 10 dm	⟷	1 dm	= 0,1 m
1 dm (Dezimeter)	= 10 cm	⟷	1 cm	= 0,1 dm
1 cm (Zentimeter)	= 10 mm (Millimeter)	⟷	1 mm	= 0,1 cm

99 Wandle um. Eine Umrechnungstabelle (unten) kann dir dabei helfen. Tipp: Trage die Ziffern in die passenden Spalten immer von rechts nach links ein.

a) 1 358 cm = **13,58 m**

b) 45 123 mm = ______________ m

c) 562 dm = ______________ m

d) 34 678 cm = ______________ m

e) 99 mm = ______________ cm

f) 34 576 m = ______________ km

	km					m			dm	cm	mm
a)							1	3	5	8	
b)											
c)											
d)											
e)											
f)											

100 Achtung, Fehler! Kontrolliere und verbessere **falsche** Aufgaben auf der rechten Seite des „="-Zeichens. Überlege, was falsch gemacht wurde.

a) 2 m 30 cm = 230 cm

b) 5,506 km = 556 m

c) 2 dm 37 cm = 237 cm

d) 9,5 km = 9 km 50 m

e) 0,5 m = 50 dm

f) 3 km 30 m 3 cm = 303 003 cm

101 Jeweils zwei Paare gehören in einer Reihe zusammen.
Male sie in der gleichen Farbe an. Ein Kästchen passt immer nicht dazu.

a)	4,020 km	4 m 20 cm	4020 m	4,20 m	420 dm
b)	7,3 dm	703 cm	7 dm 3 cm	7 dm 30 cm	7,03 m
c)	2 km 40 m	240 cm	2,4 m	2 m 4 cm	2,040 km
d)	5,4 cm	504 cm	5 m 4 cm	540 mm	5 dm 4 cm

102 Berechne.
Wandle zuerst alle Angaben in **eine** Einheit **ohne** Kommazahlen um.

a) 18 m 60 cm : 20 cm = **1860 cm : 20 cm = 93**

b) 7 dm 5 cm · 8 = ______________________________

c) 83,1 km : 3 = ______________________________

d) 6 m 50 cm : 25 cm = ______________________________

e) 5,01 dm · 400 = ______________________________

103 Lea ist beim Wandern. Sie startet an der Isarbrücke in Bad Tölz auf 645 m und legt in den ersten 30 min 64 Höhenmeter auf den Kavalerieberg zurück. Anschließend muss sie die eben aufgestiegenen Höhenmeter wieder steil bergab gehen, bis sie wieder auf Höhe der Isarbrücke landet. Nun geht es gemächlich bergauf bis zum 748 m hoch gelegenen Wackersberg, auf dessen Gipfel sie eine kleine Brotzeit macht. Anschließend geht sie auf direktem Weg, also ohne den Abstecher auf den Kavalerieberg, wieder zurück zu ihrem Ausgangspunkt.

▶ Wie viele Höhenmeter ist Lea insgesamt aufgestiegen?

Maßstab

Man braucht den Maßstab, um etwas kleiner oder größer darstellen zu können als in der Wirklichkeit.
Der Maßstab **1 : 4** bedeutet, dass etwas **4-fach verkleinert** wird:
1 cm im Bild entsprechen **4** · **1 cm** = **4 cm** in der Wirklichkeit.
2 cm im Bild entsprechen **4** · **2 cm** = **8 cm** in der Wirklichkeit.

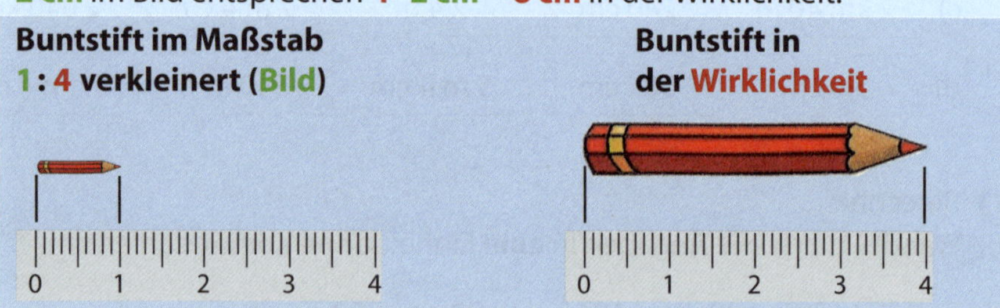

104 Diese Bäume sind im Maßstab 1 : 2 000 gezeichnet worden.

a) Wie groß sind die Bäume in Wirklichkeit?

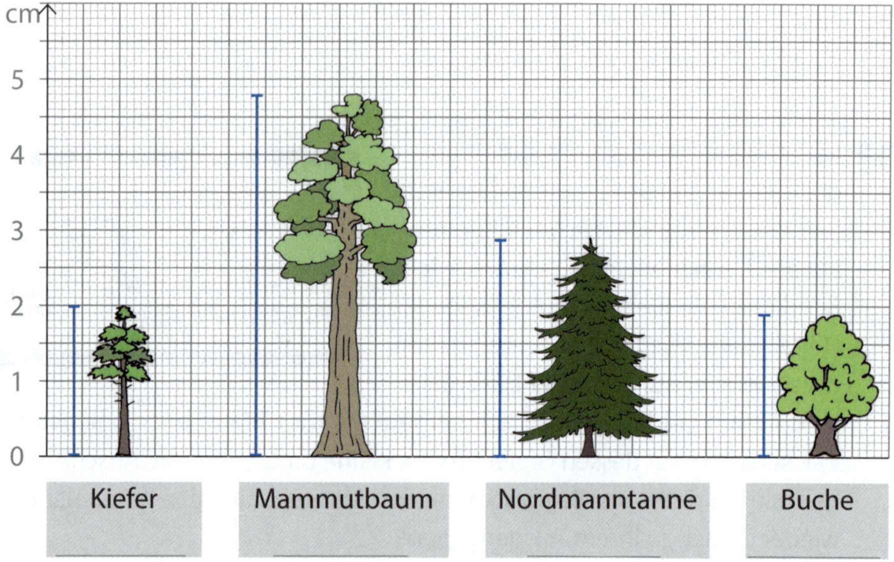

b) Der Weihnachtsbaum bei Lea und Tim zu Hause ist genau 2 m hoch.
Wie groß müsstest du ihn bei diesem Maßstab zeichnen?

105 Tim hat bald Geburtstag und wünscht sich ein Modellflugzeug des Typs „Airbus A380". Auf der Verpackung steht: Maßstab 1 : 360.

a) Was bedeutet diese Aufschrift?

b) Das Modellflugzeug ist 20 cm lang.
Tim überlegt: „In Wirklichkeit ist das Flugzeug ja dann 720 m lang!"
Stimmt das?

106 Welche Länge hat eine 6 cm lange Strecke in Wirklichkeit bei einem Maßstab von ... Achte auf die angegebene Einheit. Rechne auf dem Block.

a) (1:100) **6 cm · 100 = 600 cm = 6 m**

b) (1:60 000) ______________ km

c) (1:200) ______________ m

d) (1:7 000) ______________ m

e) (1:700 000) ______________ km

f) (1:1) ______________ m

107 Die abgebildeten Modellautos sind in verschiedenen Maßstäben dargestellt.

a) Ordne die folgenden Maßstäbe richtig zu! Begründe deine Wahl!
1:311, 1:121, 1:198

b) Im Maßstab 1: 87 ist das Modell 5 cm lang.
Berechne damit die Länge des Autos in der Originalgröße (Wirklichkeit).

c) Wie lang wäre ein Modellauto im Maßstab 1: 15?

108 Am Wandertag macht Tim mit seiner Klasse einen Ausflug.
Auf einer Landkarte mit dem Maßstab 1: 20 000 ist der Weg 28 cm lang.

a) Wie lang ist ihr Weg in Wirklichkeit?

b) Wie lang wäre der gleiche Weg auf einer Karte, wenn sie den Maßstab 1: 40 000 hätte?

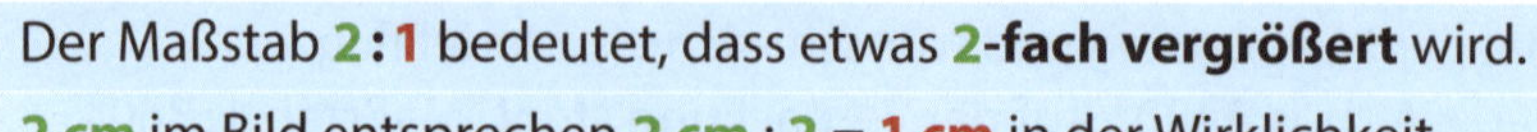
Der Maßstab **2 : 1** bedeutet, dass etwas **2-fach vergrößert** wird.

2 cm im Bild entsprechen **2 cm** : **2** = **1 cm** in der Wirklichkeit.
8 cm im Bild entsprechen **8 cm** : **2** = **4 cm** in der Wirklichkeit.

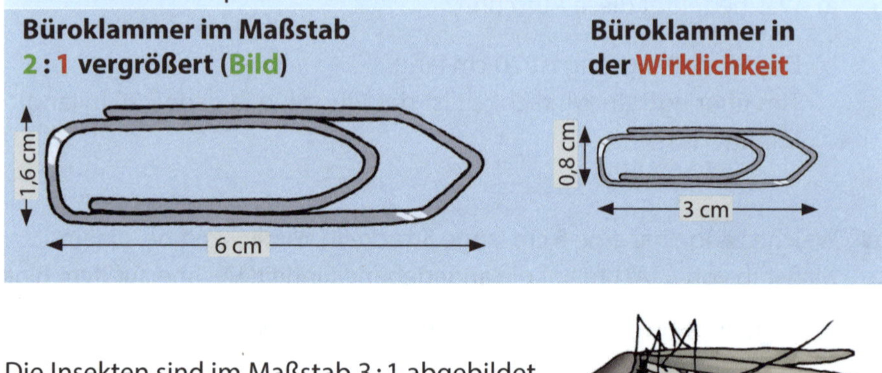

109 Die Insekten sind im Maßstab 3 : 1 abgebildet.

▶ Wie groß sind sie in der Wirklichkeit?

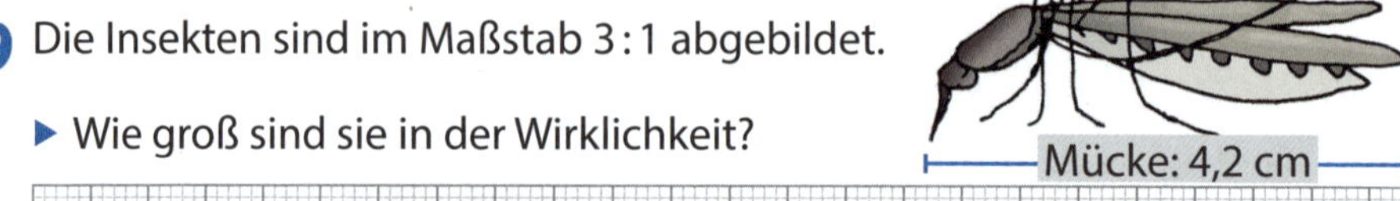

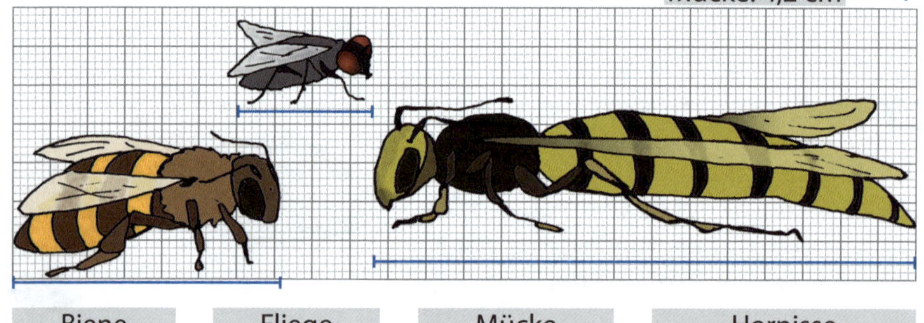

Biene	Fliege	Mücke	Hornisse
______	______	______	______

110 Im Biologieunterricht haben Lea und Tim Insekten mit dem Mikroskop beobachtet. Lea hat das Mikroskop auf die Vergrößerung 8 : 1 eingestellt, um die Größe einer Ameise zu bestimmen.

a) Unter dem Mikroskop ist die Ameise 4,8 cm lang. Wie lang ist sie in Wirklichkeit?

b) Tim hat die Länge einer Fliege bestimmt. Unter dem Mikroskop erscheint sie 3,2 cm lang. In Wirklichkeit ist sie 8 mm lang. Bestimme den Maßstab des Mikroskops.

111 a) Der Fernsehturm in Berlin ist in Wirklichkeit 368 m hoch.
In welchem Maßstab ist er hier auf dem Foto dargestellt?

b) Tim zeichnet in das Foto oben neben den Fernsehturm eine 5 cm lange Linie ein. Wie lang wäre sie in Wirklichkeit?

c) Wie hoch muss der Berliner Fernsehturm gezeichnet werden, wenn er im Maßstab 1 : 4 000 dargestellt werden soll?

112 Vervollständige die Tabelle.

Karte/Modell	3,5 cm	20 m	35 dm	6 cm
Maßstab	1 : 20 000		25 : 1	
Wirklichkeit	m	4 m	cm	9 km

Dreisatz rechnen

Aufgaben, die man in drei Lösungsschritten rechnet, nennt man **Dreisatzaufgaben**.

1. Gegebene Information aufschreiben
2. Zurückrechnen auf eine Einheit **(dividieren)**
   (Manchmal muss man Einheiten zum Rechnen umwandeln.)
3. Hochrechnen auf die gesuchte Zahl **(multiplizieren)**

Ein Drucker braucht für 6 Seiten eine Minute.
Wie lange braucht er für 11 Seiten?

1.		6 Seiten	≙	1 min (60 s)	
2.	:6	1 Seite	≙	10 s	:6
3.	·11	11 Seiten	≙	110 s (1 min 50 s)	·11

113 Zwölf Freilandeier kosten 2,40 €.

a) Lea möchte 7 Stück kaufen. Wie viel muss sie bezahlen?

b) Tim hat 4 € dabei. Wie viele könnte er sich von dem Geld kaufen?

114 In den Sommerferien hat Tim Geburtstag und geht mit seinen 6 Freunden ins Schwimmbad. Er bezahlt für alle den Eintritt. Vor ihnen gehen drei Mädchen ins Schwimmbad. Sie bezahlen gemeinsam 19,80 € als Eintritt.

▸ Wie viel muss Tim insgesamt bezahlen?

115 Tim beobachtet ein Gewitter: Er sieht einen hellen Blitz. Sieben Sekunden später hört er den Donner. Tim weiß, dass der Schall in drei Sekunden ca. 1 020 m zurücklegt.

▸ Wie weit ist das Gewitter noch entfernt?

116 Vervollständige die Preistafel.

Menge Äpfel in kg	1	4	5		23
Preis in €		9,60		21,60	

117 Tim kauft in der Metzgerei Fleischmann 300 g Salami, da es diese im Angebot gibt. Tim hat einen 10-€-Schein dabei.

▸ Wie viel Geld bekommt er zurück?

118 Die Tabelle zeigt dir, wie weit verschiedene Tiere in 1 Minute 30 Sekunden laufen können. (Beachte: Das sind Durchschnittswerte, d. h. keines der Tiere würde wohl eine Stunde am Stück laufen!)

a) Ergänze die ersten drei Zeilen der Tabelle. Rechne auf deinem Block. (Du brauchst nicht auf 1 Sekunde herunterzurechnen! Denke nach!)

	1 min 30 s	5 min	1 h
Gepard	2 970 m		
Elefant	990 m		
Riesen-Schildkröte	9 m		
Lea			

b) Lea geht gemütlich 3,6 Kilometer in einer Stunde. Ergänze die Tabelle.

119 Auf dem Weg zu Tim und Leas Oma nach Hamburg zählen die beiden Geschwister die Begrenzungspfosten am Straßenrand und stellen fest, dass die Zeit, bis sie an 200 Pfosten vorbeigefahren sind, 4 min und 20 s beträgt. Die Geschwindigkeit des Autos hat sich währenddessen nicht geändert.

▸ Wie lange dauert es, bis sie an 300 Pfosten bei gleichbleibender Geschwindigkeit vorbeigefahren sind?
Tipp: Man muss nicht auf 1 herunterrechnen!

Teilbarkeitsregeln

Eine Zahl ist teilbar durch ...	
2,	wenn die Zahl **gerade** ist, d. h. sie endet auf **0**, **2**, **4**, **6** oder **8**; z. B. 33 97**4**.
3,	wenn die **Quersumme** der Zahl durch **3 teilbar** ist; z. B. 585 (**Quersumme = 18**, 18 ist durch **3 teilbar**).
4,	wenn die letzten zwei Ziffern der Zahl als Zahl gelesen durch 4 teilbar sind; z. B. 23 4**12** (12 ist **durch 4 teilbar**!).
5,	wenn die **letzte Ziffer** der Zahl eine **0** oder **5** ist; z. B. 30 98**5**.
9,	wenn die **Quersumme** der Zahl durch **9 teilbar** ist; z. B. 78 507 (**Quersumme = 27**, 27 ist durch **9 teilbar**).
10,	wenn die **letzte Ziffer** der Zahl eine **0** ist; z. B. 29 09**0**.
Tipp: Die **Quersumme** einer Zahl ist die **Summe ihrer Ziffern**.	
Die Quersumme der Zahl 3 765 ist 3 + 7 + 6 + 5 = **21**.	

120 Kreuze die passenden Teiler der gegebenen Zahlen an.

	2 ist Teiler	3 ist Teiler	4 ist Teiler	5 ist Teiler	9 ist Teiler	10 ist Teiler
388						
30 000						
100 008						
1 425						

121 Trage eine Ziffer anstelle der Tintenklekse ein, sodass eine wahre Aussage entsteht. Finde immer zwei Lösungen.

a) 45 ▢ 7 ist durch 3 teilbar.

b) 234 ▢ ist durch 5 teilbar.

c) 74 73 ▢ ist durch 4 teilbar.

d) 5 ▢ 4 ▢ ist durch 6 teilbar.

(Beachte: Die Zahl muss durch 2 **und** durch 3 teilbar sein!)

Zahlenmengen

Zahlen mit gemeinsamen Eigenschaften werden oft zu **Zahlenmengen** zusammengefasst:

Das Potenzieren von Zahlen mit dem Exponenten 2 nennt man **Quadrieren**, die entstandenen Zahlen heißen **Quadratzahlen**.

$1^2 = 1$, $2^2 = 4$, $3^2 = 9$, ...
Quadratzahlen: 1; 4; 9; 16; 25; 36; 49; ...

Vielfache einer Zahl

Vielfache der Zahl 2: V(2) = {2, 4, 6, 8, 10, 12, ...}

Teiler einer Zahl

Teiler von 12: T(12) = {1, 2, 3, 4, 6, 12}

Beachte: Ist eine Zahl b ein Vielfaches einer Zahl a, so ist die Zahl a auch ein Teiler der Zahl b!

9 —ist Teiler von→ **45**
9 ←ist Vielfaches von— **45**

122 Bestimme die Vielfachen. Schreibe jeweils die ersten fünf Zahlen auf.

a) V(6) = ______

b) V(7) = ______

c) V(12) = ______

d) V(17) = ______

123 Gib die folgenden Teiler an. Eine Tabelle hilft dir.

24	
1	**24**
2	**12**
3	**8**
4	**6**

a) T (24) = **{1, 2, 3, 4, 6, 8, 12, 24}**

b) T (36) = ______

c) T (50) = ______

d) T (100) = ______

124 Verbinde die Zahl in der Mitte mit ihren Teilern:

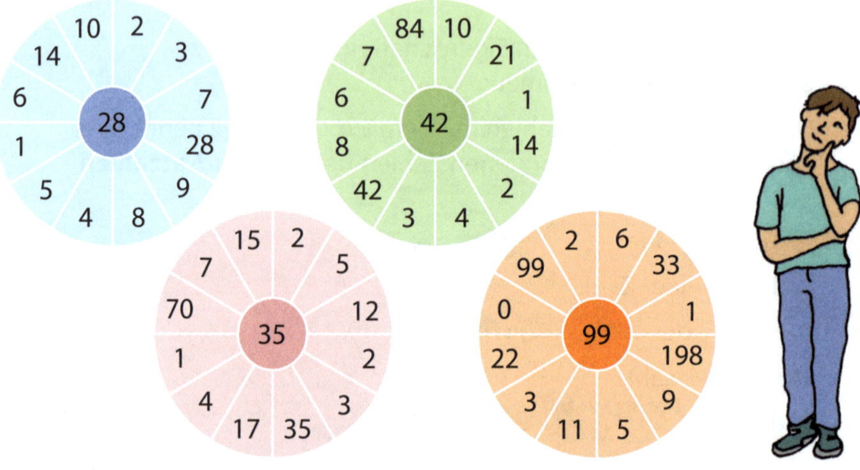

125 Tim, Lea und ihr Freund Ben laufen um einen kleinen See herum. Sie starten gleichzeitig und laufen mehrere Runden.
Tim braucht für eine Runde vier, Lea sechs und Ben drei Minuten.

a) Nach wie vielen Minuten treffen sich alle drei das erste Mal wieder am gemeinsamen Startpunkt?

b) Wie viele Runden ist bis dahin jeder gelaufen?

126 Tims Lieblingslimo gibt es in unterschiedlichen Kartongrößen.
Man kann nur vollständige Kartons kaufen.

a) Mit wie vielen Flaschen kann man Sechser-Kartons vollständig füllen? Zähle auf.

b) Tim braucht genau 135 Flaschen für eine Party. Er möchte immer nur eine Kartonart kaufen. Welche Möglichkeiten hat er?

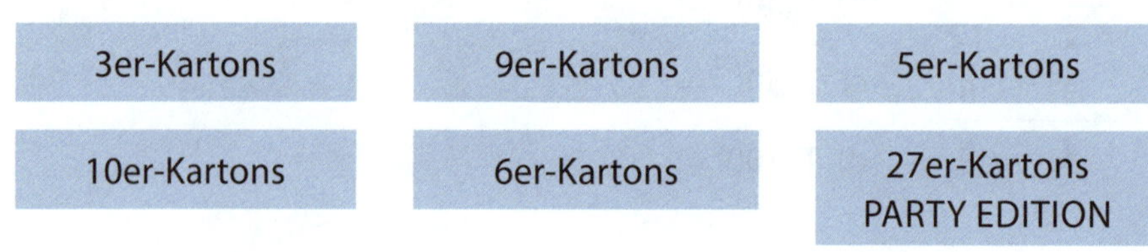

Eine **Primzahl** ist eine Zahl, deren Teilermenge genau 2 Elemente enthält, also nur durch 1 und sich selbst teilbar ist.

Primzahlen: 2; 3; 5; 7; 11; 13; 17; 19; ...

Achtung: 1 ist keine Primzahl, da ihre Teilermenge nur 1 Element enthält.

127 Finde alle Primzahlen bis 100 und färbe sie rot.

Verwende dazu das **Sieb des Eratosthenes**:

Streiche in der Tabelle erst alle Vielfachen von 2, also alle geraden Zahlen, **außer der 2**, dann alle Vielfachen von 3 **außer der 3**, dann alle Vielfachen von 5 **außer der 5** und alle Vielfachen von 7 **außer der 7**. Auch die 1 wird gestrichen (siehe Erklärung oben).

~~1~~	2	3	~~4~~	5	6	7	8	9	10
11	12	13	14	15	16	17	18	19	20
21	22	23	24	25	26	27	28	29	30
31	32	33	34	35	36	37	38	39	40
41	42	43	44	45	46	47	48	49	50
51	52	53	54	55	56	57	58	59	60
61	62	63	64	65	66	67	68	69	70
71	72	73	74	75	76	77	78	79	80
81	82	83	84	85	86	87	88	89	90
91	92	93	94	95	96	97	98	99	100

Eratosthenes

griechischer Mathematiker,

276 – 194 v. Chr

128 Streiche alle Zahlen durch, die keine Primzahlen sind.

7   23   27   1   19   91   2   51   53   17

Jede natürliche Zahl lässt sich als ein Produkt aus **Primzahlen** schreiben. Das Aufteilen einer Zahl in seine einzelnen **Primfaktoren** nennt man **Primfaktorzerlegung**.

$45 = 5 \cdot 9 = 5 \cdot 3 \cdot 3 = 5 \cdot 3^2$

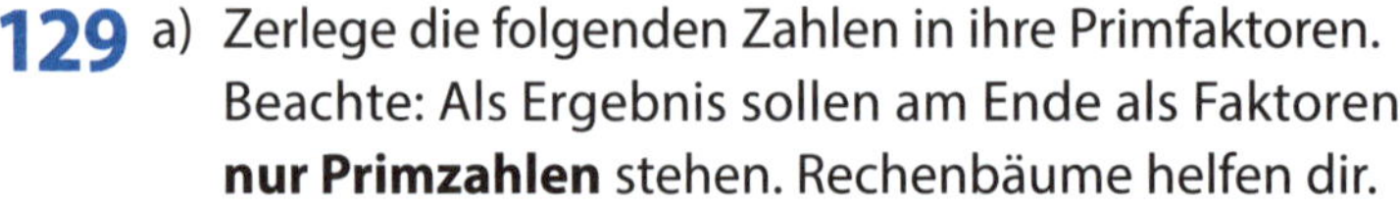

129 a) Zerlege die folgenden Zahlen in ihre Primfaktoren. Beachte: Als Ergebnis sollen am Ende als Faktoren **nur Primzahlen** stehen. Rechenbäume helfen dir.

$148 = \mathbf{2 \cdot 2} \cdot$ ____ $= \mathbf{2^2} \cdot$ ____

$\mathbf{2} \cdot 74$

$\mathbf{2} \cdot$ ____

$36 =$ ________ $=$ ________

____ · ____

____ · ____

____ · ____

$200 =$ ________ $=$ ________

____ · ____

____ · ____

____ · ____

____ · ____

$195 =$ ________

____ · ____

____ · ____

b) Jetzt wird es schwieriger: Zeichne selbst Rechenbäume auf den Block. Denke an die **Teilbarkeitsregeln** und an das **Sieb des Eratosthenes**. So findest du leicht die Primfaktoren.

$726 =$ ____________________

____

$4\,158 =$ ____________________

____

Flächen- und Raummessung

Flächeninhalte und Umfang

Für das Umrechnen von **Flächenmaßen** ist der **Umrechnungsfaktor 100**. Tipp: Die Hochzahl bei der Einheit gibt die Anzahl der Nullen beim Umrechnungsfaktor an.

1 km^2 (Quadratkilometer)	= 100 ha	⟷	1 ha	= 0,01 km^2
1 ha (Hektar)	= 100 a	⟷	1 a	= 0,01 ha
1 a (Ar)	= 100 m^2	⟷	1 m^2	= 0,01 a
1 m^2 (Quadratmeter)	= 100 dm^2	⟷	1 dm^2	= 0,01 m^2
1 dm^2 (Quadratdezimeter)	= 100 cm^2	⟷	1 cm^2	= 0,01 dm^2
1 cm^2 (Quadratzentimeter)	= 100 mm^2	⟷	1 mm^2	= 0,01 cm^2

1 cm^2 steht für eine quadratische Fläche mit einer Seitenlänge von 1 cm. Die Fläche entspricht einer Fläche von 100 mm^2 (Quadratmillimeter).

1 cm^2 = = 100 mm^2 = = 4 Kästchen im Rechenheft

130 Verbinde die Begriffe mit den Flächeneinheiten, in denen sie sinnvoll passend angegeben werden können. (Verschiedene Lösungen sind möglich.)

München | Fußballplatz | Knopf | Heft

km^2 | a | m^2 | cm^2 | mm^2

Klassenzimmer | Postkarte | Deutschland | Briefmarke

131 Gib die Flächeninhalte in der nächstgrößeren Einheit an.
Tipp: Wird die Einheit größer, so wird die Zahl kleiner.

a) 800 ha = ______________________

b) 6 500 m^2 = ______________________

c) 2 000 mm^2 = ______________________

d) 7 364 000 a = ______________________

e) 630 000 dm^2 = ______________________

f) 650 cm^2 = ______________________

132 Gib die Flächeninhalte in der nächstkleineren Einheit an.

a) 4 m^2 = ______________________

b) 26 cm^2 = ______________________

c) 860 ha = ______________________

d) 24 000 a = ______________________

e) 12,56 km^2 = ______________________

f) 833,2 dm^2 = ______________________

133 Wandle in die in Klammern angegebene Einheit um. Die Umrechnungstabelle (unten) kann dir helfen. Trage die Aufgaben c) bis f) dort ein.

a) 280 m^2 (a) = **2,80 a**

b) 17,20 km^2 (ha) = ______________________

c) 16 356 dm^2 (a) = ______________________

d) 5 m^2 (mm^2) = ______________________

e) 4 a (ha) = ______________________

f) 345 m^2 (ha) = ______________________

g) 123,7 ha (km^2) = ______________________

h) 2 mm^2 (ha) = ______________________

	km^2			ha		a		m^2		dm^2		cm^2		mm^2	
	H	Z	E	Z	E	Z	E	Z	E	Z	E	Z	E	Z	E
a)							2	8	0						
b)		1	7	2	0										
c)															
d)															
e)															
f)															

Den Flächeninhalt A eines Rechtecks mit den Seitenlängen a und b berechnet man, indem man die beiden Seitenlängen miteinander multipliziert: $\mathbf{A = a \cdot b}$

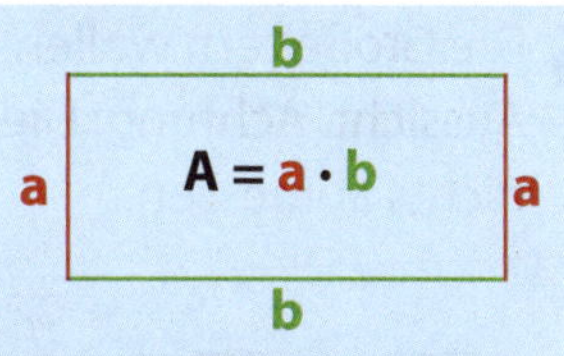

Den Umfang u eines Rechtecks mit den Seitenlängen a und b berechnet man, indem man alle Seitenlängen addiert:
$\mathbf{u = a + b + a + b = 2 \cdot a + 2 \cdot b}$

134 Bestimme Umfang und Flächeninhalt der Figuren durch Abzählen.

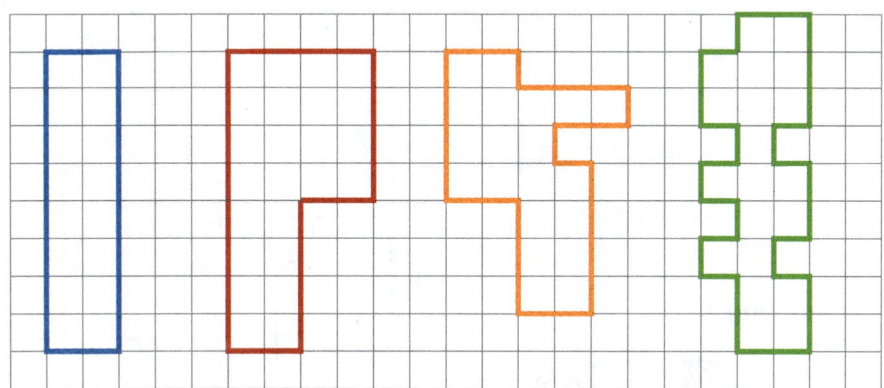

u = **10 cm** u = ____________ u = ____________ u = ____________

A = ____________ A = ____________ A = ____________ A = ____________

135 Zeichne drei verschiedene Rechtecke, die jeweils den Umfang 10 cm haben.

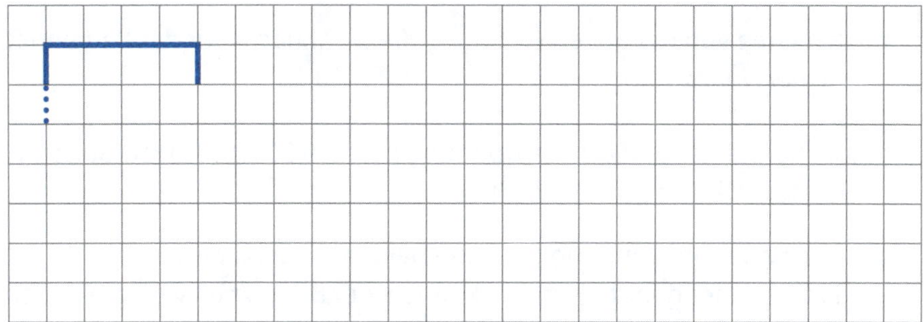

136 Die Großeltern wollen umziehen. Dafür haben sie zwei Wohnungen in Aussicht. Achtung: Die Skizzen sind nicht maßstabsgetreu; du kannst also nichts abmessen.

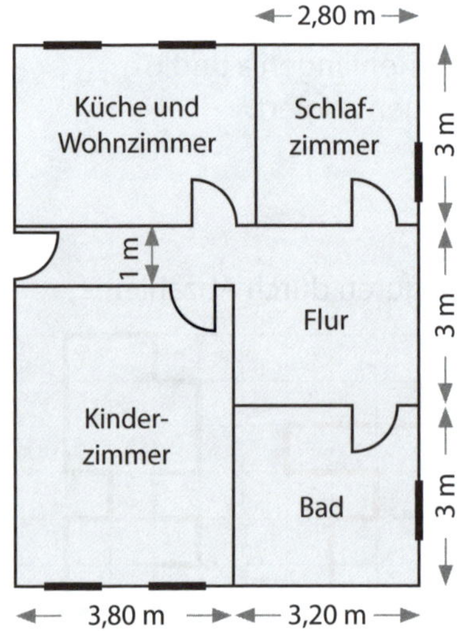

Wohnung 1

Wohnung 2

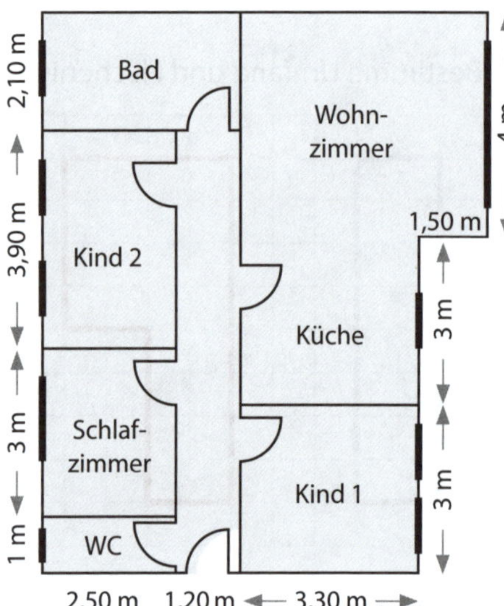

a) Welche Wohnung ist insgesamt größer? Berechne und vergleiche.

b) Berechne von der ersten Wohnung die Wohnfläche für das Bad und für Küche/Wohnzimmer.

c) Die Kaltmiete für die erste Wohnung kostet 9,30 € pro Quadratmeter im Monat. Wie hoch ist die Miete?

d) In der zweiten Wohnung muss bei beiden Kinderzimmern, die als Gästezimmer genutzt werden können, der Boden neu verlegt werden. Wie viele Quadratmeter Parkettboden braucht man dafür insgesamt?

137 Wie verändert sich der Flächeninhalt eines Rechtecks, wenn man ...

a) eine Seitenlänge verdoppelt und die andere gleich lässt?

b) beide Seitenlängen halbiert? Tipp: Löse mit Hilfe der Zeichnung.

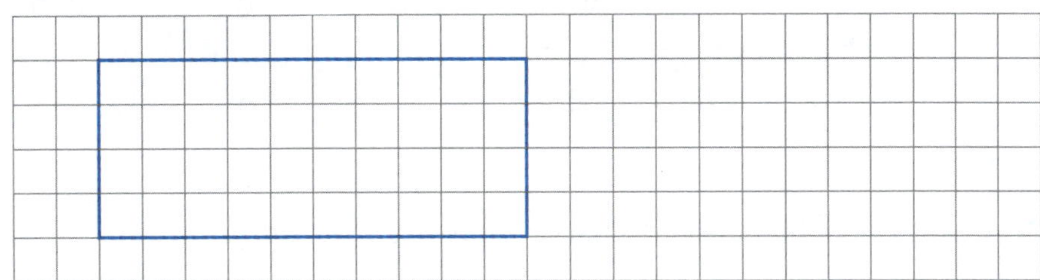

Den Flächeninhalt A eines Quadrates mit der Seitenlänge a berechnet man so: $\mathbf{A = a \cdot a}$,
oder: $\mathbf{A = a^2}$

Umfang u eines Quadrates mit der Seitenlänge a: $\mathbf{u = a + a + a + a = 4 \cdot a}$.

a

a $A = a \cdot a$ a

a

138 Ergänze die fehlenden Werte in der Tabelle.

Figur	Rechteck					Quadrat		
Länge a	4 cm	2 cm		10 cm		4,5 cm		
Breite b	5 cm	12 cm	6 dm	2 dm				
Umfang u			18 dm		16 m		20 m	
Fläche A					12 m^2			100 dm^2

139 Die Cheops-Pyramide steht in Ägypten und wurde vor über 4000 Jahren gebaut. Ihre Grundfläche ist quadratisch mit einer Seitenlänge a = 230 m.

a) Wie viel ha beträgt ihre Grundfläche?

b) Ein Fußballfeld ist ca. 110 m lang und 75 m breit.
Wie viele Fußballfelder passen auf die Grundfläche?

Hohlmaße

Der **Umrechnungsfaktor** für Volumeneinheiten ist **1000**.

$1\ m^3$ (Kubikmeter) $= 1\,000\ dm^3$	⟷	$1\ dm^3 = 0{,}001\ m^3$
$1\ dm^3$ (Kubikdezimeter) $= 1\,000\ cm^3$	⟷	$1\ cm^3 = 0{,}001\ dm^3$
$1\ cm^3$ (Kubikzentimeter) $= 1\,000\ mm^3$	⟷	$1\ mm^3 = 0{,}001\ cm^3$

140 Wandle die Hohlmaße in die nächstkleinere Einheit um.

a) $26\ m^3$ = **$26\,000\ dm^3$** c) $15\ cm^3$ = ________ e) $77\ dm^3$ = ________

b) $7\ m^3$ = ________ d) $100\ dm^3$ = ________ f) $50\ cm^3$ = ________

Das Volumen von Körpern, die Flüssigkeiten enthalten (z. B. Ampullen, Flaschen, Fässer...) wird oft mit Litern (l), Millilitern (ml) oder Zentilitern (cl) ausgedrückt. Bei größeren Rauminhalten verwendet man auch Hektoliter (hl). Diese Maße werden auch als **Hohlmaße** bezeichnet.

$1\ dm^3$ = 1 l   1 hl = 100 l ⟷ 1 l = 0,01 hl

1 l = 1000 ml ⟷ 1 ml = 0,001 l   1 l = 100 cl ⟷ 1 cl = 0,01 l

1 ml = $1\ cm^3$

141 Wandle die Angaben in Liter um.

a) 3 hl = ________ c) 55 000 ml = ________ e) 1 200 cl = ________

b) 23 hl = ________ d) $20\,000\ cm^3$ = ________ f) 52 cl = ________

142 Von den folgenden Gegenständen wurde das Volumen bestimmt. Ordne passend zu:

1,5 l – $600\ dm^3$ – 80 l – $450\ m^3$ – $2800\ mm^3$

Mülltonne	Wasserflasche	Sandkasten	Würfelzucker	Schwimmbecken

Der Zahlenraum der ganzen Zahlen

Anordnen und vergleichen

43 Lies die Temperaturen ab.

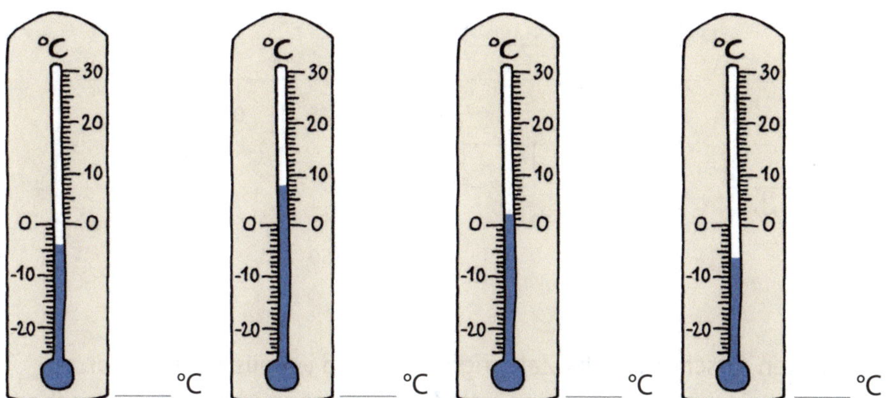

Die **Menge der ganzen Zahlen** kürzt man mit $\mathbb{Z}$ ab.

Bei den positiven Zahlen kann man das Vorzeichen weglassen, bei den negativen nicht: $\mathbb{Z} = \{... -4, -3, -2, -1, 0, +1, +2, +3, +4, ...\}$ oder
$\mathbb{Z} = \{... -4, -3, -2, -1, 0, 1, 2, 3, 4, ...\}$

Die Menge der natürlichen Zahlen wird um die Null und die negativen Zahlen ergänzt. Die Zahlenhalbgerade wird zur **Zahlengeraden**:

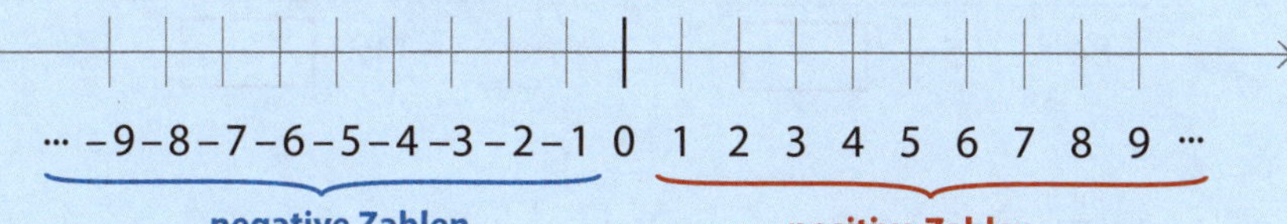

44 Welche ganze Zahl ist hier gesucht?

a) Die kleinste, positive ganze Zahl? ____

b) Die größte, negative ganze Zahl? ____

c) Die größte ganze Zahl? ____

d) Die kleinste ganze Zahl? ____

145 Trage auf den beiden Zahlengeraden die markierten Zahlen richtig ein: Färbe die Kästchen mit **positiven Zahlen rot**, mit **negativen blau**.

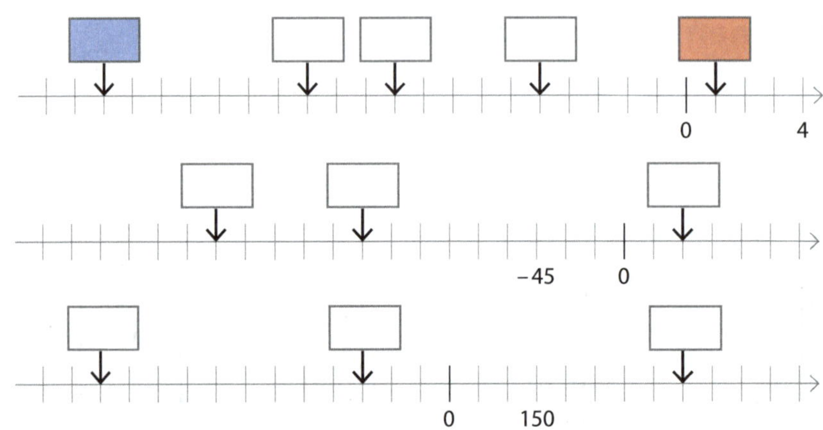

146 Auf den Abschnitten der Zahlengeraden sind jeweils zwei schwarze Zahlen eingetragen und eine rote Zahl, die genau in der Mitte zwischen den beiden anderen Zahlen liegt. Ergänze die Lücken.

a) 

b) 

c) 

d) 

e) 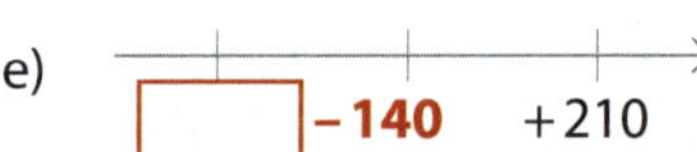

f) −112 ☐ −96

147 Finde die Zahlen. Welche ganzen Zahlen sind auf der Zahlengeraden ...

a) um genau 2 Einheiten von der Zahl −11 entfernt? ____________________

b) um höchstens 2 Einheiten und zugleich mindestens um eine Einheit von der Zahl −1 entfernt? ____________________

c) von der Zahl −25 um mindestens 20 Einheiten entfernt? ____________________

____

48 Tim ist mit seinen Eltern im Kaufhaus unterwegs. Er darf alleine in der Spielwarenabteilung stöbern, muss aber nach 30 Minuten zu Mama und Papa in die Herrenabteilung kommen.

▶ Wie viele Stockwerke muss er im Lift zurücklegen?

3.OG	Sport
2.OG	Herren
1.OG	Damen
EG	Schmuck, Taschen
1.UG	Haushaltswaren
2.UG	Spielwaren

49 Lea hat ihren Papa im Büro besucht und dort ihr Handy vergessen. Leider weiß sie nicht mehr, in welchem Stockwerk das Büro war. Sie kann sich nur noch an Folgendes erinnern:

„Vor Papas Büro bin ich in den Lift eingestiegen. Im Lift war bereits ein netter Herr und der Aufzug fuhr sieben Stockwerke nach unten. Dort wollte ich dann aussteigen, aber es sind fünf Männer in dunklen Anzügen eingestiegen, so dass ich nicht rausgekommen bin. Die Männer wollten elf Stockwerke nach oben fahren. Drei Stockwerke davor drückte ich auf STOPP und stieg schnell aus. Mit dem nächsten Lift bin ich dann sechs Stockwerke abwärts gefahren und beim Ausgang gelandet."

▶ Hilf Lea ihr Handy wiederzufinden.

10	Technik
9	Chefetage
8	Entwicklung
7	Marketing
6	Öffentlichkeitsarbeit
5	Vertrieb
4	Buchhaltung
3	Kantine
2	Personalabteilung
1	Information
0	Ein-/Ausgang
−1	Parken A
−2	Parken B
−3	Parken C
−4	Archiv

Betrag und Gegenzahl

1. Der **Abstand einer Zahl von Null** auf der Zahlengeraden heißt **Betrag** dieser Zahl.

Zum Beispiel ist die Zahl –3 von Null 3 Einheiten entfernt, ihr Betrag ist also 3. Man schreibt: $|-3| = 3$ Man sagt: Der Betrag von –3 ist 3.

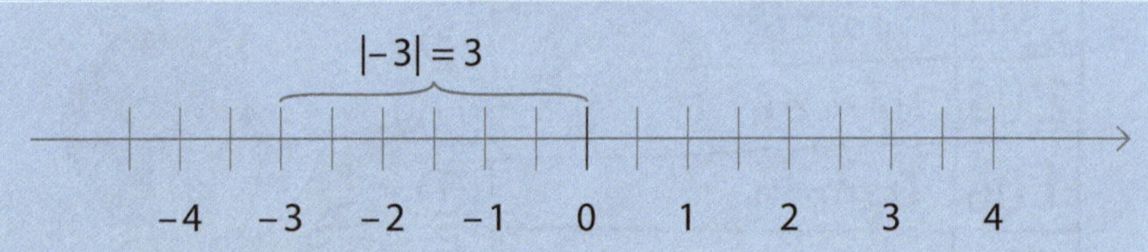

150 Bestimme die Beträge der folgenden Zahlen:

$|+3| =$ ______ $|-19| =$ ______ $|18| =$ ______ $|-45| =$ ______

$|-5| =$ ______ $|0| =$ ______ $|-18| =$ ______ $|+2\,937| =$ ______

2. Zwei **Zahlen**, die den **gleichen Betrag haben**, nennt man **Gegenzahlen**.

Die Zahlen 4 und –4 haben den gleichen Betrag: $|4| = |-4| = 4$.
Also ist 4 die Gegenzahl von –4 und umgekehrt –4 die Gegenzahl von 4.

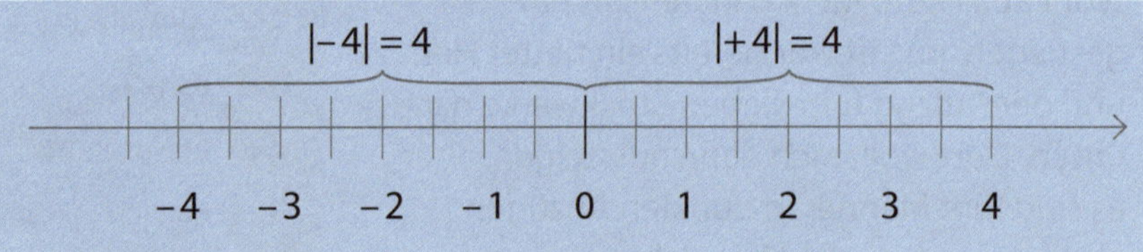

151 a) Trage folgende Zahlen, sowie ihre Gegenzahlen ein: –7 ; 3 ; 0 ; –5 ; 1.
Tipp: Suche dir zuerst die passende Lage für die Zahl 0 heraus.

b) Welche Zahl liegt immer genau in der Mitte zwischen einer Zahl und ihrer Gegenzahl?

Addition und Subtraktion

Bei der Addition und der Subtraktion muss man zwischen **Rechenzeichen** und **Vorzeichen** der Zahlen unterscheiden. Am einfachsten denkt man sich einen großen Zahlenstrahl, auf welchem man die Rechnung selbst ausführt.

Rechenzeichen ≙ Blickrichtung:	Vorzeichen ≙ Laufrichtung:
+ in Pfeilrichtung schauen (nach rechts)	+ vorwärts gehen
– gegen die Pfeilrichtung schauen (nach links)	– rückwärts gehen

152 Berechne.

a) $(-7) - (+8) =$ ______

b) $(-8) + (+27) =$ ______

c) $(+48) + (-36) =$ ______

d) $(-111) - (+45) =$ ______

153 Bestimme jeweils den **Abstand** der Zahlen auf der Zahlengerade.

a) 8 und 5 → ____

b) –3 und –10 → ____

c) 12 und –8 → ____

154 Fülle die Lücken aus.

a) (−38) − (____) = 0   b) (____) + (+12) = −3   c) (+26) − (____) = −26

155 **Addiere** die nebeneinanderstehenden Zahlen in der Zahlenmauer. Das Ergebnis steht jeweils darüber.

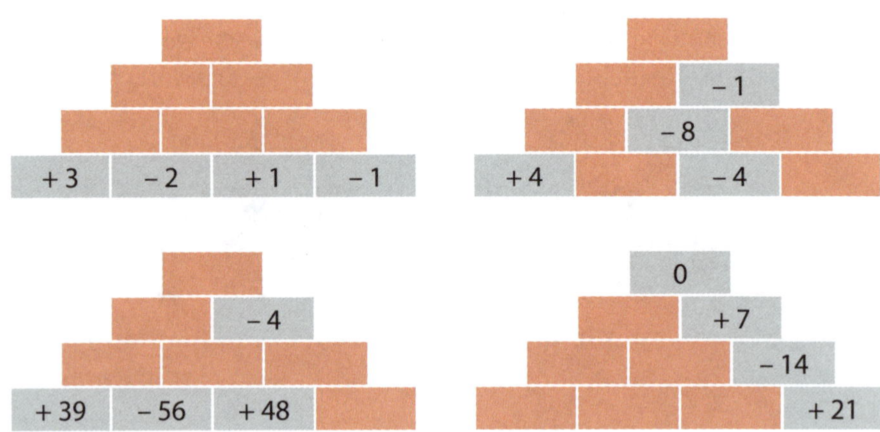

156 Richtig oder falsch? Kreuze an und begründe.

	richtig	falsch
a) Addiert man zu einer Zahl ihre Gegenzahl, so erhält man 0.		
b) Die Differenz aus Zahl und Gegenzahl ist 0.		
c) Haben beide Summanden negative Vorzeichen, so ist das Ergebnis immer negativ.		
d) Addiert man zwei ganze Zahlen, so ist das Ergebnis immer größer als die größere der beiden Zahlen.		
e) Die Summe zweier Zahlen ist immer größer als die Differenz der Zahlen.		

Auflösen von Zahlenklammern:	
zwei gleiche Zeichen: **Plus**	zwei verschiedene Zeichen: **Minus**
(+3) + (+6) = 3 + 6 (+3) − (−6) = 3 + 6	(−3) + (−6) = −3 − 6 (−3) − (+6) = −3 − 6

57 Schreibe die folgenden Rechnungen ohne Klammern und rechne aus.

a) (−5) + (−5) = ______

b) (−986) − (+256) = ______

c) (+45) − (−38) + (−27) = ______

58 Berechne möglichst vorteilhaft.

a) 45 + 16 − 15 + 24 = ______

______

b) (74 − 45 + 90) − (−18) − 8 = ______

______

59 Lea und Tim haben ihre eigene Zielscheibe zum Dartspielen gebastelt. Jeder der beiden hat drei Würfe. Trifft man die Scheibe nicht, wird der Wurf wiederholt. Die Punkte der drei Würfe werden am Ende addiert.

−2 | −1 | 2 | 5 | 10

a) Wie viele Punkte kann man maximal und minimal erreichen?

b) Lea hat insgesamt 6 Punkte erreicht. Gib alle Möglichkeiten ihrer drei Treffer an. Die Reihenfolge der geworfenen Punkte ist egal.

c) Tim hat beim 1. Wurf 2 Punkte und im 2. Wurf −1 Punkt erzielt. Welchen Ring muss er beim 3. Wurf treffen, um Lea zu schlagen?

160 Zahlenrätsel: Rechne aus.

a) Addiere 65 zur Differenz aus der Zahl 18 und ihrer Gegenzahl.

b) Bilde die Differenz aus 346 und – 24 und verkleinere das Ergebnis um die Summe aus der Zahl 38 und deren Gegenzahl.

c) Das Ergebnis einer Summe ist 25. Der 2. Summand ist – 15. Berechne den ersten Summanden.

161 Lea geht mit ihren Freunden zum Bowlen. Leider hat sie ihren Geldbeutel vergessen. In ihrer Tasche befinden sich noch 8 €. Den Rest kann sie sich von ihrer Freundin Lena ausleihen. Nach dem Bowlingtag hat sie bei Lena 7,50 € Schulden.

▶ Wie viel kostete für Lea der Beitrag zur Bowlingbahn, wenn sie sich noch zusätzlich zwei Getränke für je 2,50 € gekauft hatte?

162 Tim und Lea sind mit ihren Eltern im Skiurlaub. Tim misst jede Nacht zur selben Uhrzeit die Außentemperatur. Die Tabelle zeigt seine Messungen.

Urlaubstag	Mo	Di	Mi	Do	Fr	Sa
Temperatur in °C	5	– 3	– 10	4	0	– 8

a) Gib den maximalen und den minimalen Temperaturunterschied zwischen zwei aufeinanderfolgenden Nächten an.

b) Gib den maximalen Unterschied in der ganzen Woche an.

c) Die Temperatur nimmt in etwa um 3 Grad pro 500 m ab. Die Spitze des Skibergs liegt bei 3 000 m Höhe, die Messstation von Tim liegt auf 1 500 m. Gib die kälteste Temperatur auf der Skibergspitze in Tims Urlaubswoche an.

Multiplikation und Division

Regel für die Multiplikation ganzer Zahlen: Multipliziere zunächst die Beträge! Haben beide Faktoren das **gleiche Vorzeichen**, so ist der **Produktwert positiv**.	
$(-3) \cdot (-5) = +15$	$(+3) \cdot (+5) = +15$
Haben beide Faktoren **verschiedene Vorzeichen**, so ist der **Produktwert negativ**.	
$(-3) \cdot (+5) = -15$	$(+3) \cdot (-5) = -15$
Multiplikation mit Null: Für alle ganzen Zahlen a gilt: $0 \cdot a = a \cdot 0 = 0$	
$-3 \cdot 0 = 0$	$0 \cdot (-3) = 0$
Beachte beim **Potenzieren** die Klammersetzung!	
$-4^2 = -(4 \cdot 4) = -16$	$(-4)^2 = (-4) \cdot (-4) = +16$

63 Berechne im Kopf.

a) $(-8) \cdot (+5) =$ ______

b) $(-11) \cdot (-5) =$ ______

c) $(-3 + 7) \cdot (+13) =$ ______

d) $(-80) \cdot (-20) =$ ______

e) $(-6)^2 =$ ______

f) $-6^2 =$ ______

64 Fülle die Lücken aus.

a) $(-435) \cdot ($ ______ $) = 0$

b) $($ ______ $) \cdot (+3) = -12$

c) $(-75) \cdot ($ ______ $) = +75$

d) $($ ______ $) \cdot (-15) = 45$

e) $(-1)^8 \cdot (-5^2) \cdot ($ ______ $)^3 = 200$

f) $(-3)^2 \cdot ($ ______ $) = -81$

g) $[(-5) \cdot (-5)]^0 \cdot ($ ______ $) = 1$

h) $($ ______ $)^3 \cdot (-1) = 27$

65 Knobelaufgabe: Welche Farbe steht für welche Zahl?
Wählen aus folgenden Zahlen aus: –4, –2, –1, 0, 1, 2, 4.

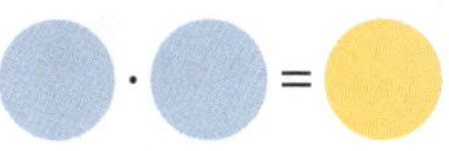

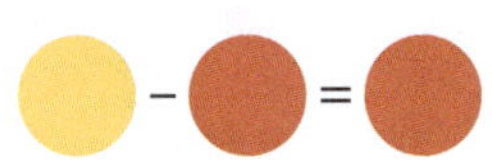

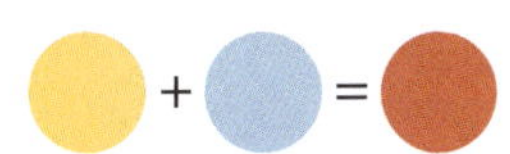

166 **Multipliziere** nebeneinanderstehende Zahlen in der Zahlenmauer. Das Ergebnis steht jeweils darüber.

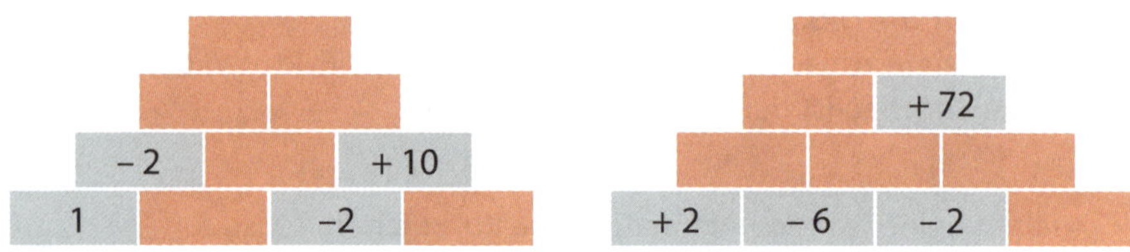

167 Richtig oder falsch? Kreuze an und begründe.

	richtig	falsch
a) Durch Multiplikation kann man eine Zahl nicht in ihre Gegenzahl verwandeln.		
b) Multipliziert man zwei natürliche Zahlen, so ist das Produkt wieder eine natürliche Zahl.		
c) Ist ein Faktor bei der Multiplikation negativ, so ist das Produkt auch negativ.		
d) Jede Potenz von (– 1) ist eine negative Zahl.		
e) Ein Produkt aus zwei ganzen Zahlen ist immer größer als jeder der einzelnen Faktoren.		
f) Das Produkt zweier Zahlen kann auch 0 sein.		

168 Auf den Kärtchen befinden sich ganze Zahlen.

a) Bilde aus zwei Karten das Produkt mit dem größten Betrag.

b) Welche zwei Zahlen musst du multiplizieren, um die kleinste Zahl zu erhalten? Berechne diese auch.

c) Aus welchen drei Zahlen kannst du das größte Produkt bilden?

Regel für die Division ganzer Zahlen ohne die Zahl 0:
Dividiere zunächst die Beträge! Haben Dividend und Divisor das **gleiche Vorzeichen**, so ist der **Quotientwert positiv**!

$(-15) : (-5) = +3 \qquad (+15) : (+3) = +5$

Haben Dividend und Divisor **verschiedene Vorzeichen**, so ist der **Quotientwert negativ**!

$(-15) : (+5) = -3 \qquad (+15) : (-3) = -5$

Sonderfälle für das Rechnen mit Null:
Für alle ganzen Zahlen $a \neq 0$ gilt: $0 : a = 0$.
Beachte: $a : 0$ kann nicht berechnet werden.

Man darf nicht durch 0 teilen!

69 Berechne im Kopf, wenn möglich.

a) $(-8) : (+8) =$ ______

b) $(-21) : (-7) =$ ______

c) $(-0) : (+1\,024) =$ ______

d) $(+268) \cdot (-32) : (0) =$ ______

e) $(4\,800) : [(-40) \cdot (-3)] =$ ______

f) $(-256) : [(-2)^4] =$ ______

170 Berechne.

a) Dividiere (– 18) durch die Hälfte von 6.

b) Multipliziere die Summe aus der Zahl (– 38) und deren Gegenzahl mit 5.

171 Für ein Klima-Projekt misst Lea im Dezember eine Woche lang jede Nacht zur selben Uhrzeit die Außentemperatur. Die Tabelle zeigt ihre Messungen.

Tag	Mo	Di	Mi	Do	Fr	Sa	So
Temperatur in °C	8	−2	−6	5	−4	−8	0

▶ Berechne aus den Messwerten die durchschnittliche Temperatur!
(Berechne den Durchschnitt: Einen Hinweis findest du in der Lösung.)

Verbinden der Grundrechenarten

172 Berechne schrittweise auf deinem Block.
Denke an die „KlaPoPS-Regel“ (siehe vor Aufgabe **65**).

a) $\{-14 + 125 - 3 \cdot [54 + (-37)]\} : 4 - (-37 + 45)$

b) $5 \cdot [2 - (845 - 943) + 25] + (598 - 1\,756)$

173 **Zahlenfolgen**: Finde jeweils die Vorschrift heraus und gib die nächsten zwei Zahlen der Folge an. Betrachte dazu das Beispiel.

a) −3, +6, −12, +24, −48, **+96, −192** Regel: immer **· (−2)** →

b) −1, −3, −5, −7, −9, −11, ______, ______ Regel: ______ →

c) −5, +25, −125, ______, ______ Regel: ______ →

174 Der Gefrierschrank (Betriebstemperatur −18 °C) von Lea und Tim muss abgetaut werden. Dazu muss die Temperatur auf Raumtemperatur (22 °C) gebracht werden.

a) Berechne die durchschnittliche Temperaturzunahme pro Stunde, wenn der Vorgang 5 Stunden dauert.

b) Anschließend muss der Gefrierschrank wieder auf Betriebstemperatur abgekühlt werden. In den ersten 4 Stunden schafft der Gefrierschrank eine Abkühlung von 6 °C pro Stunde. Nach der ersten Abkühlung wird nur noch eine Abnahme von 4 °C pro Stunde erreicht. Wie lang dauert der gesamte Kühlprozess?

175 **Knobelaufgabe zum Schluss**

Zwei Mütter und zwei Töchter gehen auf eine Geburtstagsfeier. Jede von ihnen isst ein Stück Kuchen. Insgesamt haben sie aber nur 3 Stück Kuchen gegessen. Wie geht das?

Stichwortverzeichnis

Hier siehst du Stichwörter, zu denen du passende Aufgaben findest.
Fett gedruckte Aufgabennummern (z. B. **vor 19**) geben dir einen Hinweis, wo Merkkästen zu Begriffen stehen.
Der Pfeil → bedeutet: Schau nach bei Aufgabe ...

RÄTSELBLOCK
ab 10 Jahre, Band 1
gemeinsam wachsen lernen
hauschkaverlag
Entwickelt, gestaltet und gedruckt in Deutschland

LESEPROBE

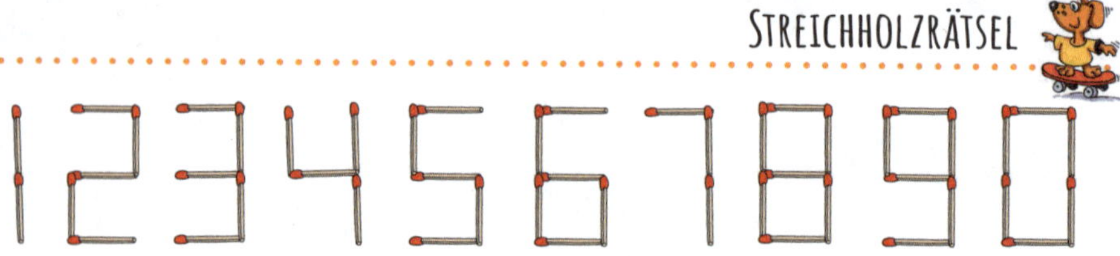

Bei den Rechnungen sind Fehler passiert!
Wenn du bei jeder Rechnung **nur ein Streichholz** an eine **andere Stelle** legst, dann stimmen die Aufgaben.

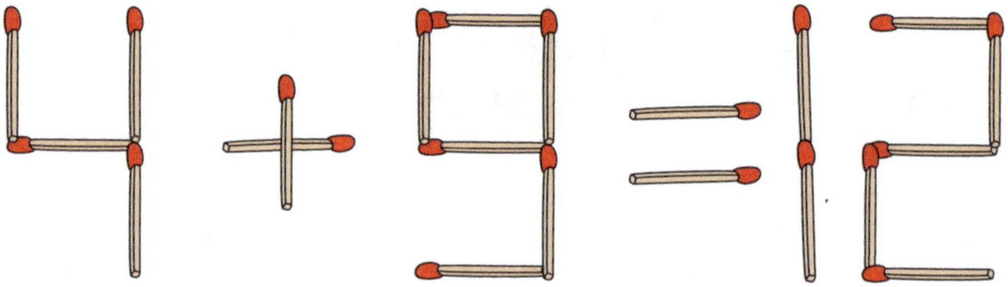

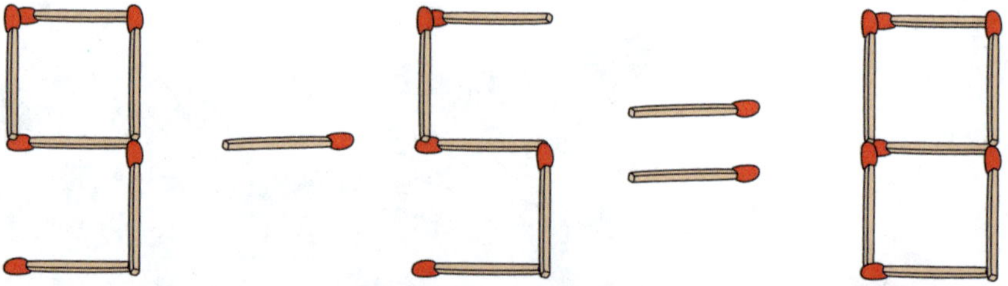

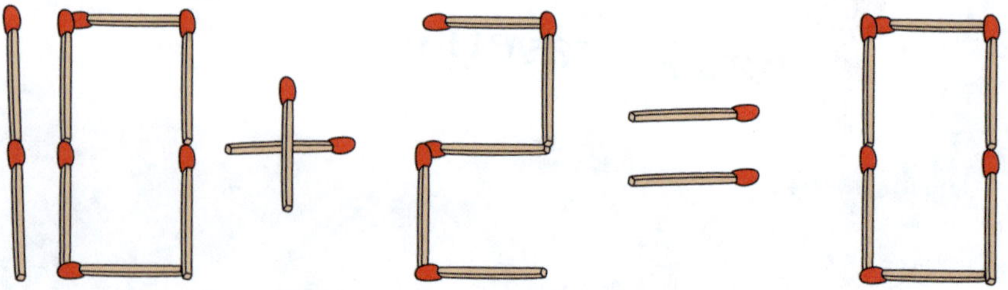

Bauernregeln sind kluge Sprüche meist über die Landwirtschaft, die Jahreszeiten oder das Wetter. Oft stimmen sie. Trage die Buchstaben unten ein, so kannst du eine lesen.

F
~~H~~AU~~S~~

~~1~~ 4 = F

A U F

_

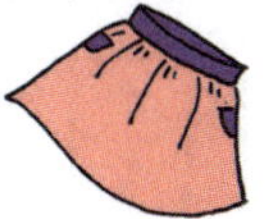

_ _ _ _

1 = N 2 = E

_ _ _ _

~~1~~ 4 = T

_ _ _

~~3~~ ~~4~~

_ _

3 = N

_ _ _ _ _ _

1 = F 4 = G 5 = T

_ _ _ _ _

4 = L

_ _ _ _

4 = N 5 = E

_ _ _ _ _

~~4~~ ~~5~~

_ _ _

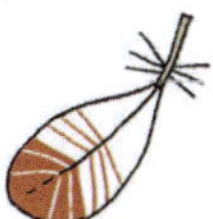

3 = B ~~4~~

_ _ _ _

2 = A

_ _ _

Lösung:

A U F _ _ _ _ _ _ _ _, _ _ _ _ _ _

_ _ _ _ _ _ _ _ _ _ _ _ _ _ _ _

_ _ _ _ _ _ _ _ _ _ _ _ _ _ _ _ _ _ _.

Suche den Weg durchs Labyrinth und sammle die Buchstaben. Wenn du deine Lösungslinie mit einem dicken Stift nachziehst, kannst du etwas erkennen. Probiere mit Bleistift.

Lösung:

Eine englische Aufforderung zum Abklatschen:

__ __ __ __   __ __   __ __ __ __ __ !